国家出版基金项目
NATIONAL PUBLICATION FOUNDATION

国家出版基金资助项目
中宣部 2018 年主题出版重点出版物
“中华民族伟大复兴中国梦” 系列丛书

U1008094

ZHONGGUO TESE SHEHUI ZHUYI LILUN

中国特色社会主义理论

丛书主编：郑德荣　李　蓉　孔德生

孔德生　张晓霞／著

吉林出版集团股份有限公司
全国百佳图书出版单位

图书在版编目（CIP）数据

中国特色社会主义理论 / 孔德生，张晓霞著. -- 长春：吉林出版集团股份有限公司，2018.12（2025.1重印）
（中华民族伟大复兴中国梦系列丛书 / 郑德荣，李蓉，孔德生主编）

ISBN 978-7-5581-6055-4

Ⅰ. ①中… Ⅱ. ①孔… ②张… Ⅲ. ①中国特色社会主义－理论研究 Ⅳ. ①D616

中国版本图书馆CIP数据核字（2018）第296236号

中国特色社会主义理论
ZHONGGUO TESE SHEHUI ZHUYI LILUN

总 策 划：姚玉和　杨学忠
策　　划：周海英　耿　宏　刘文辉
丛书主编：郑德荣　李　蓉　孔德生
本册著者：孔德生　张晓霞
责任编辑：宫志伟　金　昊
责任校对：崔博华　矫黎晗　金　昊
装帧设计：长春金鼎设计印务有限公司
技术编辑：傅广岩　张　帅　刘美丽　李　鑫
出　　版：吉林出版集团股份有限公司
发　　行：吉林出版集团社科图书有限公司
电　　话：0431-81629725
印　　刷：唐山楠萍印务有限公司
开　　本：710mm × 1000mm　1/16
字　　数：200千字
印　　张：15
版　　次：2018年12月第1版
印　　次：2025年1月第4次印刷
书　　号：ISBN 978-7-5581-6055-4
定　　价：35.00元

目 录

引　言
中国特色社会主义理论概论

一、中国特色社会主义理论的形成发展历程

中国特色社会主义理论的形成发展是在和平与发展成为时代主题的历史条件下，在我国改革开放和社会主义现代化建设的伟大实践中，在总结我国社会主义建设正反两方面历史经验和改革开放以来的新鲜经验，并吸取其他社会主义国家兴衰成败经验教训的基础上，逐步形成和发展起来的。

改革开放以来，在中国共产党探索中国特色社会主义道路的实践过程中，中国特色社会主义理论逐渐产生和发展，这期间主要经历了四个阶段。

1978年，我们党召开了具有深远历史意义的十一届三中全会，开启了改革开放和社会主义现代化建设历史新时期。1982年党的十二大，邓小平第一次提出“建设有中国特色的社会主义”的命题，从此确定了中国特色社会主义理论的理论主题。1987年党的十三大第一次提出了“建设有中国特色的社会主义理论”这个概念，并概括了它的十二个基本观点，初步回答了我国社会主义建设的阶段、任务、动力、条件、布局和国际环境等基本问题，形成了“建设有中国特色的社会主义理论”的轮

廓。1992年初，邓小平在南方谈话中对关系中国特色社会主义发展的一系列重大问题作了精辟的分析和概括。1992年党的十四大，对邓小平一系列富有创造性的思想从社会主义发展道路、发展阶段、根本任务、发展动力、外部条件、政治保证、战略步骤、领导力量和依靠力量、祖国统一等方面进行了总结，这就概括了建设有中国特色社会主义理论的主要内容，使其构成了一个比较完整的科学体系。

20世纪80年代末90年代初，苏东剧变，国际共产主义运动遭受重大挫折。我们党所处的环境，所肩负的历史任务，以及党自身的状况，发生了新的重大变化。进一步提高党的领导水平和执政水平、提高拒腐防变和抵御风险的能力，成为必须解决好的两大历史性课题。面对严峻复杂的国内外形势，以江泽民为核心的中国共产党人，继续推进中国特色社会主义伟大事业，提出了一系列新思想、新观点、新论断，进一步回答了什么是社会主义、怎样建设社会主义的问题，创造性地回答了建设什么样的党、怎样建设党的问题，形成了“三个代表”重要思想，丰富和发展了中国特色社会主义理论。

进入新世纪新阶段，以胡锦涛为总书记的党中央，立足社会主义初级阶段的基本国情，深入分析我国发展的阶段性特征，深刻回答了我国在社会主义经济建设、政治建设、文化建设、社会建设、生态文明建设以及党的建设中的重大问题，形成了科学发展观，进一步发展了中国特色社会主义理论。

党的十八大以来，以习近平为核心的党中央，在中国特色社会主义进入新时代、科学社会主义迈向新阶段、当今世界大发展大变革大调整，以及我们党面临执政的新考验的形势下，紧密结合新的时代条件、实践要求，系统回答了新时代坚持和发展什么样的中国特色社会主义，怎样坚持和发展中国特色社会主义的时代课题，创立了习近平新时代中国特色社会主义思想，进一步丰富和发展了中国特色社会主义理论。

二、中国特色社会主义理论是一个科学而博大的理论体系

中国特色社会主义理论是一个科学而博大的理论体系，紧紧围绕什么是社会主义、怎样建设社会主义，建设什么样的党、怎样建设党，实现什么样的发展、怎样发展，坚持和发展什么样的中国特色社会主义、怎样坚持和发展中国特色社会主义等基本问题展开。在建设中国特色社会主义的思想路线、发展道路、发展阶段、发展战略、根本任务、发展动力、依靠力量、国际战略、领导力量和根本目的等问题上，提出了一系列紧密联系、相互贯通的思想理论观点，构成了一个科学的理论体系。其内容主要包括：

1. 中国特色社会主义的思想路线

中国特色社会主义的思想路线和党的思想路线是一致的，就是一切从实际出发，理论联系实际，实事求是，在实践中检验真理和发展真理。贯彻党的思想路线，必须坚持解放思想、实事求是、与时俱进、求真务实。

2. 建设中国特色社会主义总依据理论

我国正处于并将长期处于社会主义初级阶段，这是当代中国的最大国情。坚持和发展中国特色社会主义，必须从这个最大的实际来思考和解决一切问题。

3. 社会主义本质和建设中国特色社会主义总任务理论

社会主义的本质是解放生产力，发展生产力，消灭剥削，消除两极分化，最终达到共同富裕。解放和发展社会生产力是社会主义的根本任

务。实现社会主义现代化和中华民族伟大复兴，是建设中国特色社会主义的总任务。

4. 社会主义改革开放理论

改革开放是决定当代中国命运的关键抉择。中国特色社会主义是在改革开放的进程中不断发展的，改革开放只有进行时，没有完成时。更好地发挥中国特色社会主义制度优势，必须全面深化改革。

5. 建设中国特色社会主义总布局理论

在坚持以经济建设为中心的前提下，全面落实经济建设、政治建设、文化建设、社会建设、生态文明建设"五位一体"的总布局。

6. 实现祖国完全统一的理论

实现祖国完全统一是中华民族伟大复兴的历史任务。按照"一个国家，两种制度"的构想，实现祖国和平统一，符合中华民族的根本利益。要坚定不移地贯彻"一国两制"的方针，促进香港、澳门长期繁荣稳定。牢牢把握两岸关系和平发展的主题，最终解决台湾问题，实现祖国完全统一。

7. 中国特色社会主义外交和国际战略理论

和平与发展是当今时代主题，求和平、谋发展、促合作已经成为不可阻挡的时代潮流。要始终坚持独立自主的和平外交政策，维护国家主权、安全、发展利益，在和平共处五项原则的基础上同所有国家友好合作，推动建立以合作共赢为核心的新型国际关系。

8. 建设中国特色社会主义的根本目的和依靠力量理论

人民群众是中国特色社会主义事业的主体力量。要巩固和发展全国各族人民的大团结，发展和壮大爱国统一战线，为实现"两个一百年"奋斗目标，实现中华民族伟大复兴的中国梦，提供广泛力量支持。

9. 国防和军队现代化理论

国防和军队建设是国家安全的坚强后盾。要坚持国防建设和经济建设协调发展的方针，坚持党对军队的绝对领导。建设一支听党指挥、能打胜仗、作风优良的人民军队，构建中国特色现代军事力量体系，推动军民融合深度发展。

10. 建设中国特色社会主义的领导核心理论

中国共产党是中国特色社会主义的领导力量和根本保证。要坚持和加强党的全面领导，坚持以党的长期执政能力建设、先进性和纯洁性建设为主线，全面推进党的政治建设、思想建设、组织建设、作风建设、纪律建设，把制度建设贯穿其中，深入推进反腐败斗争，使党始终成为中国特色社会主义的坚强领导核心。

三、中国特色社会主义理论的鲜明特点

中国特色社会主义具有鲜明的特色。胡锦涛在2012年的“7·23讲话”和党的十八大报告中，从整体上全面而深入地概括了中国特色社会主义的“实践特色、理论特色、民族特色、时代特色”[①]。十八大以来，习近平进一步指出：“全党同志一定要以更加坚定的信念、更加顽强的努力，毫不动摇坚持、与时俱进发展中国特色社会主义，不断丰富中国特色社会主义的实践特色、理论特色、民族特色、时代特色。”[②] 中国特色社会主义理论，创造性地提出了一系列紧密联系、相互贯通的新思想、新观点、

①胡锦涛：《坚定不移沿着中国特色社会主义道路前进　为全面建成小康社会而奋斗——在中国共产党第十八次全国代表大会上的报告》，人民出版社，2012，第13页。

②习近平：《习近平谈治国理政》，外文出版社，2014，第17页。

新论断，体现了鲜明的实践特色、理论特色、民族特色和时代特色。一是开创性，开创了马克思主义中国化的新境界。二是继承性，始终坚持了科学社会主义基本原则。三是实践性，植根于实践又对实践发挥着强大的指导作用。四是开放性，随着时代、实践和科学的发展而不断与时俱进。

总体上说，中国特色社会主义理论是与马克思列宁主义、毛泽东思想既一脉相承又与时俱进的科学体系，具有鲜明的实践性、整体性、辩证性，以及民族性与时代性、真理性与价值性、一脉相承性与与时俱进性有机统一的基本特征。

四、中国特色社会主义理论的当代价值

中国特色社会主义理论具有重要的当代价值，不仅对当代中国社会发展具有重要的指导和推进作用，而且具有重要的世界意义和价值。

首先，中国特色社会主义理论丰富和发展了马克思主义的理论宝库。从马克思主义发展史上看，中国特色社会主义理论以其特有的中国特色、中国风格和中国气派丰富和发展了马克思主义的理论宝库。在内容上，它运用马克思主义的立场、观点和方法，分析和解决中国社会主义建设和改革开放的实际问题，揭示中国社会主义建设和改革发展的客观规律，并且把中国共产党人在社会主义现代化建设和改革开放实践中所积累起来的丰富经验加以科学总结和理性提升，使之上升为理论，成为当代中国的马克思主义，丰富和发展了马克思主义理论。

其次，中国特色社会主义理论是推进中国特色社会主义的强大理论武器。改革开放以来，特别是新世纪、新阶段，中国特色社会主义进入

新时代以来，我国发展取得了历史性成就，也发生了历史性变革。继续推进中国特色社会主义伟大事业，全面建成小康社会，实现中华民族的伟大复兴，需要我们立足社会主义初级阶段的基本国情和中国特色社会主义新时代的深刻变化，深刻把握我国发展面临的新课题和新矛盾，而中国特色社会主义理论为我们解决复杂的国际国内矛盾，应对各种风险和挑战，提供了强大的思想理论武器，也成为推动我国经济社会发展，从而推进中国特色社会主义长期坚持的重要指导方针和重大战略思想。

再次，中国特色社会主义理论是全党全国各族人民团结奋斗的共同思想基础。共同的思想基础，是一个政党、一个国家、一个民族赖以存在和发展的根本前提和精神支柱。中国共产党十分重视共同思想基础建设。毛泽东指出：党要有“共同语言”，社会主义国家要有“统一意志”。邓小平强调：推进中国特色社会主义伟大事业“最重要的是人的团结，要团结就要有共同的理想和坚定的信念”①。江泽民指出：“一个民族、一个国家，如果没有自己的精神支柱，就等于没有灵魂，就会失去凝聚力和生命力。”②胡锦涛指出：“中国特色社会主义伟大旗帜，是当代中国发展进步的旗帜，是全党全国各族人民团结奋斗的旗帜。”③习近平也强调：“理想信念就是共产党人精神上的‘钙’，没有理想信念，理想信念不坚定，精神上就会‘缺钙’，就会得‘软骨病’。”④改革开放40年来，在中国特色社会主义的伟大旗帜指引下，中国共产党人不断进行实践探索和理论创新，形成了中国特色社会主义理论这一科学

①《邓小平文选》（第三卷），人民出版社，1993，第190页。

②中共中央文献研究室编《江泽民论有中国特色社会主义》（专题摘编），中央文献出版社，2002，第395页。

③胡锦涛：《高举中国特色社会主义伟大旗帜 为夺取全面建设小康社会新胜利而奋斗——在中国共产党第十七次全国代表大会上的报告》，人民出版社，2007，第1页。

④中共中央文献研究室编《十八大以来重要文献选编》（上），中央文献出版社，2014，第80页。

体系。这一科学体系是全党全国各族人民团结奋斗的共同思想基础，也是中国特色社会主义伟大事业取得成功的力量源泉、精神支柱和根本保证。

中国特色社会主义理论之所以成为全党全国各族人民团结奋斗的基础，不仅是因为中国特色社会主义的理念已深入人心，更重要的是中国特色社会主义已直接转化为亿万人民群众的实践活动。在当代中国，我们每时每刻都能感受到中国特色社会主义的感召力量，都能看到中国特色社会主义实践正在改变人们的生活，改变人们的精神风貌。我国的改革开放之所以日益深化，硕果累累，我们的社会主义现代化建设之所以能够取得辉煌的成就，我们的社会主义事业之所以能够经受住国际国内各种风浪的考验，闯过一个又一个难关，其中一个很重要的原因，就是我们的党和我们的人民始终在坚守中国特色社会主义事业，坚持以中国特色社会主义理论来认识现实、指导实践。正是因为有了中国特色社会主义理论，我们的党和我们的人民才目标明确、干劲十足，能够排除来自"左"的和右的思潮的干扰，能够在各种风浪中处变不惊，稳住阵脚。

最后，中国特色社会主义理论系统科学地回答了经济文化比较落后的国家如何巩固、建设和发展社会主义等一系列基本问题，为促进世界共同发展贡献了中国智慧和中国方案。

面对经济文化比较落后的国家建设和发展社会主义的问题，列宁和毛泽东提出了有价值的思想，但未形成系统的理论。由邓小平创立，并由后继者不断发展和完善的中国特色社会主义理论，系统地回答了在中国这样一个经济文化比较落后的国家，在建立了社会主义制度以后怎样巩固、建设和发展社会主义的一系列问题，并成功地开创了中国特色社会主义道路，出色地解决了如何解放和发展生产力，如何走向共同富裕，如何促进社会全面发展，如何加快实现社会主义现代化等问题，同时也使社会主义制度和体制得到了逐步完善。

中国特色社会主义理论的形成和发展，把人们对社会主义的认识提高到新的水平，使人们对社会主义本质及其要求有了更深刻的理解和把握，为社会主义在中国的进一步发展和开拓奠定了坚实的理论基础，同时也为经济文化落后国家探索符合本国国情的社会主义提供了可供借鉴的认识经验，为发展中国家摆脱贫困、加快发展提供了深刻的启示。邓小平指出："现在我们干的是中国几千年来从未干过的事，这场改革不仅影响中国，而且会影响世界。"①"我们的改革不仅在中国，而且在世界范围内也是一种试验……如果成功了，可以对世界上的社会主义事业和不发达国家的发展提供某些经验。"②越南、古巴等社会主义国家正是在借鉴中国经验的基础上，通过改革和革新，探索适合本国情况的社会主义发展道路，取得了一定的成效。越南在革新开放的过程中借鉴中国特色社会主义理论的"社会主义初级阶段""社会主义市场经济"等重要论断，将自己所处的历史阶段定位于"社会主义过渡时期的初级阶段"，提出要建立"社会主义定向的市场经济"。越南在对中国共产党的党建经验进行广泛而深入研究的基础上，提出要突破固有的思维，不断革新管理的角色、职能以及方法。在中国共产党十一届三中全会以来的重要文献西班牙译本出版发行后，菲德尔·卡斯特罗指出："中国改革经验对古巴很重要。"古巴正加大改革力度，"以推动经济发展为工作重心，进一步关注民生问题，以满足民众对经济发展的要求"③。由此可见，无论在改革理论和政策，还是在改革思路和方法上，中国特色社会主义理论都具有重要的世界意义。

①《邓小平文选》（第三卷），人民出版社，1993，第118页。
②《邓小平文选》（第三卷），人民出版社，1993，第135页。
③田瑞兰：《中国特色社会主义理论体系逻辑建构研究》，人民出版社，2013，第13页。

第一章
中国特色社会主义理论体系形成和发展的条件

中国特色社会主义理论体系是对马克思列宁主义、毛泽东思想的继承和发展，是被实践证明了的关于在中国建设、巩固和发展社会主义方面的正确的理论原则和经验总结，是中国共产党集体智慧的结晶。中国特色社会主义理论体系，是在和平与发展成为时代主题的历史条件下，在我国改革开放和社会主义现代化建设的伟大实践中，在总结我国社会主义建设正反两方面历史经验和改革开放以来的新鲜经验，并汲取其他社会主义国家兴衰成败经验教训的基础上，逐步形成和发展起来的，是马克思主义中国化第二次历史性飞跃的理论成果。

一、中国特色社会主义理论体系的思想来源

马克思列宁主义、毛泽东思想、中国优秀传统文化和当代人类一切文明进步的理论成果，都是中国特色社会主义理论体系的思想来源。

（一）马克思列宁主义是理论基础

1. 马克思恩格斯的科学社会主义基本原则

“科学社会主义基本原则是社会主义的本质规定。”[①]科学社会主义的基本原则主要有：社会主义的产生是历史的必然；无产阶级和劳动群众是实现社会主义的依靠力量；实现人的解放、实现人的自由全面发展是社会主义新社会的最高价值追求；社会主义社会必须实行生产资料公有制；无产阶级进行社会革命必然要组成无产阶级政党；无产阶级要建立新型国家政权和社会制度，劳动群众要成为国家和社会的主人；社会主义以解放和发展生产力为根本任务，社会主义社会是一个不断变化和改革的社会，等等。

中国特色社会主义理论体系“是将‘中国特色’赋予‘科学社会主义基本原则’之上，形成和发展起来的一个理论体系”[②]，是科学社会主义基本原则与中国实际结合的产物，是对科学社会主义基本原则的继承和发展，既坚持了科学社会主义的基本原则，又在当代中国的实践中赋予其鲜明的中国特色。

第一，中国特色社会主义理论体系坚持和发展了科学社会主义关于实现人的自由全面发展的基本原则。马克思恩格斯把人的全面而自由的发展作为未来社会的基本原则，认为，未来社会是一个自由人联合体，“在那里，每个人的自由发展是一切人的自由发展的条件”[③]；是“在保证社会劳动生产力极高度发展的同时又保证人类最全面的发展的这样

①秦刚：《坚持把科学社会主义基本原则同中国实际和时代要求相结合》，《学习时报》2018年5月11日，第4版。

②牛先锋：《中国特色社会主义理论体系的理论依据》，《科学社会主义》2008年第2期。

③《马克思恩格斯选集》（第一卷），人民出版社，1995，第294页。

一种经济形态”[①]。中国特色社会主义理论体系坚持和发展了科学社会主义的这一原则。邓小平提出的实现人民共同富裕的思想，是要实现绝大多数人的富裕，体现了物质富裕和精神富裕的统一，这体现了人的全面发展的原则。江泽民在我国人民生活总体达到小康水平后，明确提出要重视人的全面发展，并提出中国共产党要始终代表中国最广大人民的根本利益。党的十六大以来，以胡锦涛为总书记的党中央提出发展要坚持以人为本，“坚持发展为了人民、发展依靠人民、发展成果由人民共享”[②]。党的十八大以来，以习近平为核心的党中央强调以人民为中心的发展，进一步坚持和发展了人的自由全面发展的基本原则。

第二，中国特色社会主义理论体系继承和发展了科学社会主义要大力发展社会生产力的基本原则。科学社会主义基本原则从一般意义上强调社会主义要以解放和发展生产力为根本任务，要建立在生产力高度发达的基础之上。对于中国这样经济文化比较落后的国家而言，发展生产力尤为重要。党的十一届三中全会以来，我们党便把发展生产力放在首要的位置。邓小平提出发展是硬道理，是解决中国所有问题的关键；江泽民提出发展是党执政兴国的第一要务，中国共产党要始终代表先进生产力发展的要求；胡锦涛提出科学发展观的第一要义是发展，要坚持全面协调可持续发展；习近平又提出创新、协调、绿色、开放、共享的发展理念；等等。所有这些，都是对科学社会主义基本原则的运用和发展。

第三，中国特色社会主义理论体系继承和发展了科学社会主义关于社会主义社会必须实行生产资料公有制的基本原则。实行生产资料公有

①《马克思恩格斯全集》第十九卷，人民出版社，1963，第130页。

②中共中央文献研究室编《十七大以来重要文献选编》（上），中央文献出版社，2009，第107页。

制是由社会化大生产及其发展趋势所决定的，马克思恩格斯在《共产党宣言》中坚定地指出："共产主义的特征并不是要废除一般的所有制，而是要废除资产阶级所有制。……从这个意义上说，共产党人可以把自己的理论概括为一句话：消灭私有制"①。共产主义社会就是把事实上已经建立在生产社会化基础上的资本主义所有制转化为公有制，建立"一个集体的、以共同占有生产资料为基础的社会"②。中国特色社会主义理论体系坚持和发展了生产资料公有制这一基本原则。改革开放以来，我国根据社会主义初级阶段的生产力状况，逐步形成了以公有制为主体、多种所有制并存的社会主义初级阶段的基本经济制度，这既坚持了科学社会主义的基本原则，又体现了中国国情，具有鲜明的中国特色。

第四，中国特色社会主义理论体系中的改革开放理论坚持和发展了科学社会主义关于社会主义社会不断变革的基本原则。社会主义社会存在着生产力与生产关系、经济基础与上层建筑的基本矛盾，需要通过不断改革来解决。正如恩格斯所指出的："我认为，所谓'社会主义社会'不是一种一成不变的东西，而应当和任何其他社会制度一样，把它看成是经常变化和改革的社会。"③中国特色社会主义理论体系坚持和发展了社会主义不断变革的原则，形成了中国特色社会主义的改革开放理论。党的十一届三中全会以来，我国从农村到城市、从经济领域到其他各个领域，进行了全面而深刻的变革，成功实现了从计划经济体制向社会主义市场经济体制的根本性转变、从封闭半封闭转向全方位开放，取得了举世瞩目的成就。取得这些成就的重要原因就是我们坚持和发展了社会主义社会不断变革的这一基本原则。

①《马克思恩格斯选集》（第一卷），人民出版社，1995，第286页。
②《马克思恩格斯全集》（第十九卷），人民出版社，1963，第20页。
③《马克思恩格斯全集》（第三十七卷），人民出版社，1971，第443页。

总之，中国特色社会主义理论体系以科学社会主义基本原则为直接理论依据，并在坚持科学社会主义基本原则的前提下，结合中国社会主义建设的实践，赋予其鲜明的中国特色。

2. 列宁关于社会主义建设的理论

中国特色社会主义理论体系也继承发展了列宁关于社会主义建设的理论。

20世纪初，列宁开始探索如何在经济文化相对落后的俄国建设社会主义的问题，提出了一系列新的思想和观点。

首先，列宁提出了社会主义最根本的任务是大力提高社会生产力。他多次号召把工作重心转到经济文化建设上来，强调“苏维埃共和国的首要任务是恢复生产力，发展农业、工业和运输业”[①]，把俄国建设成为现代化国家。他认为经济文化较为落后的俄国应把最新的科技成果——电力用于工农业生产，作为推动经济文化发展的龙头，断言“共产主义就是苏维埃政权加全国电气化”[②]。列宁的这一观点，为经济文化落后的国家如何发展社会主义提供了基本思路。

其次，列宁在对从农村到城市经济政策的重大调整中，提出了新的建设社会主义经济的理论和政策。一是在农民问题上，列宁深刻认识到俄国社会占大多数的是农民，“小农只要还是小农，他们就必须有同他们的经济基础即个体小经济相适应的刺激、动力和动因”[③]。工人阶级如何正确对待农民决定着俄国社会主义革命的胜利，因而要把工农联盟提到关系社会主义成败的政治高度来对待，工农联盟必须从反对帝国主义和沙皇制度的政治军事联盟转移到经济联盟上来。以粮食税代替余粮收

①《列宁全集》（第四十一卷），人民出版社，1986，第259页。
②《列宁全集》（第四十卷），人民出版社，1986，第30页。
③《列宁选集》（第四卷），人民出版社，2012，第449页。

集制，能调动农民的生产积极性，满足城市、工厂和工业的需要，为恢复工业打下基础，“国家政权就能够仍旧保持在无产阶级手中并且得到巩固”[①]。二是在合作社问题上，列宁认为，无产阶级夺取政权以后，合作社就是社会主义制度。实行农业合作化必须坚持自愿原则，需要国家财政的支持与帮助，“需要整整一个历史时代。在最好的情况下，我们度过这个时代也要一二十年”[②]。没有整个的文化革命，要完全合作化是不可能的。列宁以商品经济为纽带，以农民自觉自愿为前提、合作互助为基础，从建立供销合作社与消费合作社入手，逐步建立生产合作社，最终把千百万个体小农引上社会主义道路的主张，为建设社会主义农业提供了较好的思路和政策。三是在企业经营管理方面，列宁认为要改变工业企业普遍国有化的做法，对私营和合作社经营的、基本上不需要国家拨给原料、燃料和粮食的中小企业给予支持，允许把国营企业租给私人、合作社、劳动组合和协作社甚至私人经营，允许并支持小农经济发展。国家要修改大工业的生产计划，加强日用品生产，“扩大每个大企业在支配资金和物资方面的独立程度和首创精神”[③]，普遍推行经济核算制和经济责任制，要求国家“成为一个谨慎、勤勉、能干的‘业主’，成为一个精明的批发商”[④]。四是在对待资本主义问题上，列宁认为，由于无产阶级掌握了国家政权，掌握着运输业和大工业，“应该利用资本主义（特别是要把它纳入国家资本主义的轨道）作为小生产和社会主义之间的中间环节，作为提高生产力的手段、途径、方法和方式”[⑤]，以实现对资本主义的社会主义改造。社会主义可以在一定范围内和一定程度

①《列宁全集》（第四十一卷），人民出版社，1986，第55页。
②《列宁选集》（第四卷），人民出版社，1995，第770页。
③《列宁全集》（第四十一卷），人民出版社，1986，第328页。
④《列宁全集》（第四十二卷），人民出版社，1987，第176页。
⑤《列宁全集》（第四十一卷），人民出版社，1986，第217页。

上允许资本主义的存在和发展，应该学习和利用资本主义，并通过与资本主义的经济竞争来赶上、超过并最终战胜资本主义。

列宁提出了加强社会主义文化建设的任务。列宁从实现国家工业化改善国家机关管理的角度，指出“要使整个苏维埃建设获得成功，就必须使文化和技术教育进一步上升到更高的阶段”①，无产阶级及其政党在完成政治变革任务后，应着手完成文化建设的任务。因此，要大力发展教育事业，“使我们的整个国家预算首先去满足初级国民教育的需要”②，“如果不能做到像爱护眼珠那样爱护一切勤恳工作、精通和热爱本行业务的专家，那么社会主义建设事业就不可能取得任何重大的成就”③。必须尊重知识和人才，培养和造就社会主义建设急需的工人阶级的专业人才队伍，提高人民的文化水平与劳动技能。

列宁主张社会主义国家应该利用资本主义国家之间的对立和矛盾，在维护国家主权与根本利益的基础上，奉行独立自主的和平外交政策，同所有资本主义国家建立贸易关系，开展正常的经贸往来，“这正是俄罗斯苏维埃共和国在物质上和精神上战胜了全世界资本家的最好不过的证明”④。列宁强调，社会主义必须批判地继承全人类的优秀文明成果，提出要“乐于吸取外国的好东西：苏维埃政权+普鲁士的铁路秩序+美国的技术和托拉斯组织+美国的国民教育等等等等++=总和=社会主义”⑤。为了充分利用资本主义国家的资本、技术设备和管理经验，列宁提出把国内的森林、矿山、土地和企业租让给外国资本家，实行“租让

①《列宁全集》（第三十八卷），人民出版社，1986，第176页。
②《列宁全集》（第四十三卷），人民出版社，1987，第357页。
③《列宁全集》（第四十二卷），人民出版社，1987，第374页。
④《列宁全集》（第四十卷），人民出版社，1986，第25页。
⑤《列宁全集》（第三十四卷），人民出版社，1985，第520页。

制”，“学习他们如何经营模范的企业”[①]，以促进国内社会主义经济的发展。

列宁提出了加强社会主义政治建设的新观点。列宁认为必须坚持共产党的领导，加强党的团结和统一，加强党的建设，保持党与人民群众最密切的联系，要建立广泛的社会主义民主制度，加强社会主义的法制建设。他要求无产阶级政党必须讲团结，守纪律，在思想上组织上高度统一，消除派别活动，“保持党的队伍的统一和团结，保证党员相互之间的完全信任，保证在工作中真正齐心协力，真正体现无产阶级先锋队的意志的统一”[②]，要围绕党的中心任务对群众作宣传工作和思想教育工作。列宁指出，“我们内部最可恶的敌人就是官僚主义者”[③]，社会主义政治体制改革不可能按照某种理想模式一步到位，“今后在发展生产力和文化方面，我们每前进一步和每提高一步都必定要同时改善和改造我们的苏维埃制度”[④]。针对当时党中央主要领导人的工作作风和性格特点，他主张扩大加强党的中央委员会和中央监察委员会，将工农检察院与党的监察委员会合并，选拔普通工农党员担任中央委员；使党的中央委员会同中央监察委员会合并，选拔普通工农党员担任中央委员，使党的中央委员会同中央监察委员会“一起最终走上变成党的最高代表会议的道路”[⑤]，把对党的最高决策机关的监督与对国家权力机关的监督结合起来，加强广大党员和人民群众对党和政府各级机构的监督，加强非党群众对党员的监督，不断扩大和发展党内民主与人民民主。列宁还提出了党政分开，划清职权、权力下放，地方分权、精简机构，提高效率、

①《列宁全集》（第四十卷），人民出版社，1986，第77页。
②《列宁全集》（第四十一卷），人民出版社，1986，第78页。
③《列宁全集》（第四十三卷），人民出版社，1987，第14页。
④《列宁全集》（第四十二卷），人民出版社，1987，第247页。
⑤《列宁全集》（第四十三卷），人民出版社，1987，第374页。

加强法制、选拔人才等改革党和国家领导机构的设想和措施。

列宁的这些思想构成了经济文化落后国家建设社会主义的一整套丰富理论，不仅丰富和发展了马克思主义，也对经济文化落后国家进行社会主义建设具有普遍的指导意义，为中国特色社会主义理论体系提供了重要的理论来源。中国特色社会主义理论体系中的社会主义市场经济理论、改革开放理论、社会主义民主政治建设理论、社会主义文化建设理论等，都继承和发展了列宁的社会主义建设理论。

（二）毛泽东思想是直接理论来源

毛泽东思想是关于中国革命和建设的正确理论原则和经验总结，它来源于马克思列宁主义，又孕育了邓小平理论，发挥着承前启后、继往开来的历史作用。毛泽东思想的基本理论和基本思想是中国特色社会主义理论体系的直接来源和中国特色社会主义建设的思想先导。党的十八大指出，以毛泽东为核心的党的第一代中央领导集体在社会主义建设中取得的独创性理论成果和巨大成就，“为新的历史时期开创中国特色社会主义提供了宝贵经验、理论准备、物质基础”[①]。习近平也强调“毛泽东思想是马克思列宁主义基本原理同中国具体实际相结合的产物，是中国特色社会主义理论体系的重要思想来源”[②]。

第一，毛泽东思想所蕴含的马克思主义的立场、观点和方法，为中国特色社会主义理论体系提供了基本遵循。辩证唯物主义和历史唯物主义是马克思主义的世界观和方法论，而毛泽东思想具有鲜明的马克思主

①胡锦涛：《坚定不移沿着中国特色社会主义道路前进　为全面建成小康社会而奋斗——在中国共产党第十八次全国代表大会上的报告》，人民出版社，2012，第10页。

②《习近平在中央党校春季学期第二批入学学员开学典礼上强调：认真学习马克思主义经典著作，不断推进中国特色社会主义事业》，《党建》2011年第6期。

义哲学的特色。毛泽东创造性地运用唯物史观和唯物辩证法，把马克思主义基本原理同中国实际相结合，指导中国革命取得了胜利，并在社会主义建设道路的探索中取得了丰富的成果。中国特色社会主义理论体系在世界观和方法论上，继承和发展了毛泽东思想。这一理论体系“创立的起点，是开展真理标准大讨论、恢复毛泽东所倡导的马克思主义思想路线，这就是解决世界观和方法论问题。这一理论体系发展的过程，从对社会主义初级阶段基本国情的新认识，到推动改革、扩大开放，……都充分体现了马克思主义的世界观和方法论，充分体现了毛泽东思想的精髓”[①]。因此，可以说，毛泽东思想所蕴含的马克思主义的立场、观点和方法，为中国特色社会主义理论体系提供了基本遵循。正如习近平所指出的：“掌握和运用马克思主义立场观点方法来研究和解决中国的实际问题，是以毛泽东同志为主要代表的中国共产党人留给我们的传家宝。”[②]

第二，毛泽东思想活的灵魂始终贯穿于中国特色社会主义理论体系之中。

实事求是、群众路线、独立自主是毛泽东思想的灵魂。中国特色社会主义理论体系始终贯穿着实事求是、群众路线、独立自主的思想。在实事求是方面，正是由于实事求是思想路线的重新确立，才在实践中开创了中国特色社会主义道路，从而形成了中国特色社会主义理论体系。改革开放以来，我们党坚持将实事求是的思想路线贯彻到各项工作中，力争使思想和实际相符合，做到实事求是。在群众路线方面，中国特色社会主义理论体系也始终坚持群众路线这一根本工作路线，坚持发展为

①张磊：《论毛泽东思想与中国特色社会主义理论体系》，《毛泽东邓小平理论研究》2013年第12期。

②习近平：《深入学习中国特色社会主义理论体系，努力掌握马克思主义立场观点方法》，《求是》2010年第7期。

了人民，发展依靠人民，发展成果由人民共享。在独立自主方面，中国特色社会主义理论体系也始终强调走自己的路，建设中国特色社会主义，并始终坚持独立自主的和平外交政策，维护国家的主权、独立和尊严。

第三，毛泽东思想关于社会主义建设的理论，为开创和发展中国特色社会主义作了重要的理论准备。毛泽东领导全党全国人民在社会主义建设道路的艰辛探索中形成了一些重要理论成果。毛泽东在“倡导和坚持马克思主义普遍真理同中国具体实际相结合，强调不照搬苏联模式，提出走自己的路，制定适合中国国情的社会主义经济、政治、文化建设方针政策，创立社会主义社会矛盾的学说等方面作出了突出贡献”，“为后来建设中国特色社会主义的理论与实践准备了有价值的思想材料和经验”，“为巩固、发展和完善社会主义制度奠定理论基础”。[①]

改革开放以后，中国特色社会主义理论体系在认真总结中国社会主义建设历史经验和最新经验的基础上，创造性地提出了一系列新思想、新观点、新论断，丰富和发展了马克思列宁主义、毛泽东思想。比如，社会主义本质理论丰富发展了毛泽东思想关于社会主义特征的思想，社会主义初级阶段理论丰富发展了毛泽东思想关于社会主义发展阶段理论，社会主义改革开放理论丰富发展了毛泽东思想关于社会主义基本矛盾理论，走和平发展道路的理论丰富发展了毛泽东思想关于外交和国际战略的理论，“中国特色社会主义总布局理论和发展战略理论丰富发展了毛泽东思想关于社会主义现代化建设的思想”[②]，等等。中国特色社会主义理论体系和毛泽东思想是一脉相承又与时俱进的。正如习近平所讲：“中国特色社会主义

①靳辉明：《关于毛泽东思想和中国特色社会主义理论体系的思考》，《党的文献》2014年第1期。

②张正光：《马克思主义中国化两大理论成果之间的关系论析》，《思想理论教育》2014年第6期。

是在改革开放历史新时期开创的，但也是在新中国已经建立起社会主义基本制度、并进行了20多年建设的基础上开创的。”[①]

（三）中华优秀传统文化提供了丰富的思想养料

关于中华优秀传统文化与中国特色社会主义理论体系的关联，理论界进行了深入分析，主要观点有：“中国传统文化构成了中国特色社会主义理论体系形成的文化渊源、发展的内源性动力、实现大众化的纽带。”[②]“中国特色社会主义道路的选择与儒家‘实事求是’文化、建设社会主义和谐社会与儒家‘和’文化、以人为本的科学发展观与中华优秀传统‘民本’文化、社会主义核心价值体系与中华民族的民族精神之间具有内在联系。”[③]“中国特色社会主义实现了对中国优秀传统哲学世界观、方法论的继承和发展。”[④]“习近平新时代中国特色社会主义思想在价值立场、历史担当、谋篇布局、世界价值等方面实现了对传统文化的传承与创新。”[⑤]总的来说，中国特色社会主义理论体系是马克思主义理论与当代中国实际和传统文化相结合的产物。在马克思主义理论指导下，中国共产党成功实现了中国优秀传统文化在当代的时代转换，赋予其时代内涵，使中国优秀传统文化成为中国特色社会主义理论体系的文化渊源。

①《习近平在新进中央委员会的委员、候补委员学习贯彻党的十八大精神研讨班上发表重要讲话强调：毫不动摇坚持和发展中国特色社会主义在实践中不断有所发现有所创造有所前进》，《人民日报》2013年1月6日。

②徐剑雄：《论传统文化在中国特色社会主义理论体系发展中的作用》，《当代世界与社会主义》2011年第1期。

③郑文堂、华玉武、高建伟：《论中国特色社会主义理论与中华优秀传统文化的内在联系》，《思想教育研究》2012年第9期。

④田克勤：《中国特色社会主义与中国传统文化》，《湖北社会科学》2014年第1期。

⑤王海军、王栋：《习近平新时代中国特色社会主义思想对传统文化的传承创新探析》，《思想教育研究》2018年第6期。

第一，中国特色社会主义理论体系中的“全面建成小康社会”和中国梦的奋斗目标是对传统的“小康”社会和大同理想的继承和超越。

“全面建成小康社会”的奋斗目标是对传统的“小康”社会理想的继承和超越。“小康”是中华民族孜孜以求的社会理想，几千年来，这一理想一直激励着无数中国人为之不懈奋斗，但由于时代和阶级的局限，他们都没有实现这一目标。中国共产党领导的民主革命、社会主义革命和建设的不断胜利为实现这一理想奠定了基础。新时期，邓小平继承并超越传统“小康”思想，通俗地将其概括为“所谓小康社会，就是虽不富裕，但日子好过”[①]，并将其确定为20世纪末要达到的战略目标。经过党和全国人民的共同奋斗，到20世纪末，我国人民生活总体上达到了小康水平，但还是低水平、不全面、发展很不平衡的小康。基于此，党在十六大和十七大提出“全面建设小康社会”的目标和要求。党的十八大提出了到2020年全面建成小康社会的奋斗目标，党的十八届五中全会对全面建成小康社会的目标要求进行了总体部署。这些理想和目标吸收了中国传统文化中“小康”思想的精华，并结合当代中国社会实际赋予其时代新内涵。

中国梦的奋斗目标是对传统的大同理想的继承和超越。中国古代儒家思想是一种“入世”的思想，其“修齐治平”的理念强调个人对国家和民族的担当精神。从范仲淹的“先天下之忧而忧，后天下之乐而乐”，到顾炎武的“天下兴亡，匹夫有责”，仁人志士莫不以天下为己任。而古人对于天下的最高追求就是《礼记·礼运》中提出的大同理想。

习近平在十八届中共中央政治局第十三次集体学习时，要求提炼并诠释传统文化“讲仁爱、重民本、守诚信、崇正义、尚和合、求大同”

①《邓小平文选》（第三卷），人民出版社，1993，第161页。

的时代价值，体现出对大同理想借鉴作用的肯定。从一定意义上讲，大同理想是古人长期追求的中国梦。只不过在封建等级制度下，这种美好的设想当时只能是乌托邦。2012年11月，习近平以空前的历史担当提出了中国梦的战略构想，目标指向中华民族的伟大复兴。中国梦不仅是对古人追求“天下为公”的大同理想的继承，而且是对其的扬弃和超越。习近平强调，中国梦必须紧紧依靠人民来实现，明确了实现中国梦的动力源泉。2017年党的十九大报告在“两个一百年”基础上，提出了新时代“两步走”，这让实现中国梦的战略步骤变得更加具体和更有可操作性。从“社会主义现代化国家”到“社会主义现代化强国”，则再次彰显了习近平的历史担当，加快了民族复兴的步伐。中国梦作为近代以来中华民族最伟大的梦想，不仅体现着当代中国人的追求，“也深深反映了我们先人们不懈追求进步的光荣传统”[①]。中国梦既继承了古人追求大同理想的进步精神，又以明确的动力源泉和清晰的战略步骤彰显了目标的可实现性，从而超越了大同理想的历史局限性，体现出当代中国共产党人的智慧与担当。

第二，中国特色社会主义理论体系中的“依法治国”和“以德治国”相结合的思想是对传统的“礼法结合、德刑相参”思想的继承和超越。中国传统文化强调伦理教化，古代思想家一直鼓吹“德主刑辅”的治世之道，但在专制制度下，人民大众没有享受到德政的恩惠，却吃尽了独裁暴政的苦头。在人民当家作主的社会主义社会，经过艰辛探索，中国共产党实现了历史的超越，把“依法治国”和“以德治国”作为安邦治国的方略。

依法治国，就是广大人民群众在党的领导下，依照宪法和法律规

①习近平：《习近平谈治国理政》，外文出版社，2014，第39页。

定，通过各种途径和形式管理国家事务，管理经济文化事业，管理社会事务，保证国家各项工作都依法进行，逐步实现社会主义民主的制度化、法律化。而以德治国，则是强调以马克思主义为指导，以为人民服务为核心，以集体主义为原则，以爱祖国、爱人民、爱劳动、爱科学、爱社会主义为基本要求，以社会公德、职业道德、家庭美德、个人品德的建设为落脚点，建立与社会主义市场经济相适应、与社会主义法律规范相协调、与中华民族传统美德相承接的社会主义思想道德体系，并使之成为全体人民普遍认同和自觉遵守的行为规范。

第三，中国特色社会主义理论体系中的“以人民为中心”思想是对传统民本思想的继承和超越。中国传统文化中关于民本思想的内容极其丰富，早在三皇五帝时大禹就有“民为邦本”的训示，殷商盘庚主张“重民”，周朝周公姬旦推崇“保民”。可见，民本思想自古即有，并被后世诸多思想家和政治家发扬光大。孔子倡导“爱民”，孟子提出“民为贵，社稷次之，君为轻”。荀子强调“君者，舟也；庶人者，水也。水则载舟，水则覆舟”。汉代贾谊极力提倡“民为国本”，唐代魏徵也说过“民存则社稷存，人亡则社稷亡”等。民本思想使后人认识到民众在国家中的重要地位，在一定程度上有利于缓和社会矛盾、维护政治稳定。

与封建时期的思想家站在君主立场上限制君主权力不同，中国共产党人继承了传统民本思想中的合理元素，抛弃了其维护封建统治的立场，始终站在人民的立场上，代表最广大人民的根本利益。邓小平理论中有“共同富裕”的目标，有“是否有利于人民群众生活水平的提高”的标准；“三个代表”重要思想中要求党“始终代表中国最广大人民群众的根本利益”；科学发展观的核心是以人为本，强调党的一切工作的出发点和落脚点是实现好、维护好、发展好最广大人民的根本利益，发展为了人民、发展依靠人民、发展成果由人民共享。党的十八大以来，以人民为中心的价值立场体现在习近平新时代中国特色社会主义思想的各个方面。在党的十九大报告中，习近平在阐述新时代时，强调了新时代是“不断创造美好生活、逐步实现全体人民共同富裕的时代”，在分析主要矛盾时突出了“人民日益增长的美好生活需要”，在论述“伟大斗争”时指明要“更加自觉地维护人民利益”，在论述“八个明确”时要求“必须坚持以人民为中心的发展思想”，在论述“十四个坚持”时提出“增进民生福祉是发展的根本目的”，在论述新征程时展望了“全体人民共同富裕基本实现，我国人民将享有更加幸福安康的生活”①。所有这些都是对传统民本思想的继承、发展、具体化、时代化。

第四，中国特色社会主义理论体系中的“和谐社会”、“和谐世界”、人类命运共同体思想是对传统“和”文化的继承和超越。中国传统“和”文化内涵丰富，《尚书·尧典》中有“协和万邦”之说，孔子提出了“君子和而不同”的思想，孔子的弟子有子说过“和为贵”，孔子的孙子子思也曾说过“和也者，天下之达道也”，《左传》中有“亲仁善邻”的倡议，管仲提出“远者来而近者亲”“远者以礼，近者以体”，墨子主张“强不执弱，富不辱贫”。中国共产党吸收了传统“和”文化的合理内核，邓小平从中国“和”文化出发，结合时代特征，创造性地提出了“一国两制”的构想。江泽民、胡锦涛等党的领导人，在继承、超越传统“和”文化方面也有创新，在国内提出构建和谐社会，在国际上提出建设和谐世界。构建社会主义和谐社会是党的十六届四中全会提出的，其主要含义包括“民主法治、公平正义、诚信友爱、充满活力、安定有序、人与自然和谐相处”。构建“和谐世界”的

①习近平：《决胜全面建成小康社会　夺取新时代中国特色社会主义伟大胜利——在中国共产党第十九次全国代表大会上的报告》，人民出版社，2017，第29页。

倡议是2005年胡锦涛在联合国成立60周年首脑会议上首次提出的，他倡议各国要“携手合作，共同为建设一个持久和平、共同繁荣的和谐世界而努力”①。党的十八大以来，习近平提出了人类命运共同体思想，其核心就是“建设持久和平、普遍安全、共同繁荣、开放包容、清洁美丽的世界”。这一思想是对传统“和”文化等思想的继承和发展，也发展了和谐世界的思想。

第五，中国特色社会主义理论体系中的谋篇布局方面的理论是对朴素的整体观的继承和超越。

中国传统哲学把天地万物视为不可分割的整体，如《春秋繁露》中的“天人之际，合而为一”就表达出一种朴素的整体观。习近平立足于整体，以“不谋全局者，不足谋一域”的气魄谋篇布局，在内政方面提出“四个全面”“四个自信”“四个伟大”“五大发展理念”等全局性战略思想；在外交方面强调人类各种文明交流互融，相互借鉴，从整体角度、从全人类的利益看待世界各国的关系。此外，中国传统哲学整体观中又蕴含着自发的辩证思维，如《周易》中的“一阴一阳之谓道”、《老子》中的“祸兮福所倚，福兮祸所伏”，等等，强调事物存在相互依存的两个方面，且有相互转化的可能。但中国传统辩证思维有一个重大缺点，即表现为较强的模糊性、系统性。正如张岱年先生所指出的：“这种模糊性主要表现于两点，第一，用词多歧义，没有明确界说；第二，言辞多独断，缺乏详细的论证。”②

习近平坚持运用辩证唯物主义世界观方法论，既重视矛盾的普遍性，又关注矛盾的特殊性，超越了中国传统朴素整体观的局限性。“四

①胡锦涛：《努力建设持久和平、共同繁荣的和谐世界——在联合国成立60周年首脑会议上的讲话》，《人民日报》2005年9月16日，第1版。

②张岱年：《张岱年学术文化随笔》，中国青年出版社，1996，第38页。

个全面”战略布局中，全面建成小康社会是战略目标，另三个是战略举措，是目标与举措的辩证统一，既有整体思维，又抓住了重点。在“四个伟大”中，“起决定性作用的是党的建设新的伟大工程”，突出了重点；同时又强调，“推进伟大工程，要结合伟大斗争、伟大事业、伟大梦想的实践来进行”[①]，彰显出辩证的全局观。

第六，中国特色社会主义理论体系中的社会主义生态文明思想是对传统“天人合一”思想的继承和超越。中国古代的“天人合一”思想对于正确认识和处理人与自然的关系具有重要意义。孟子曰：“知其心者，知其性也；知其性者，可知天也。”庄子曾言：“天地与我齐生，而万物与我合一。”王阳明在《大学问》中对“天人合一”有深刻阐述：“大人者，以天地万物为一体者也。……大人之能以天地万物为一体也，非意之也，其心之仁本若是，其与天地万物而为一也。”深受“天人合一”的宇宙观之影响，在中国漫长的历史中，自然从来没有被看作人类征服、主宰、利用和控制的对象。例如，传统中国建筑的最高美学标准是“巧夺天工”，意思是工艺精妙得如同自然天造。这就是为什么中国历史上的建筑能够恰到好处地与自然完美融为一体，两千年前建造的水渠大坝至今仍然造福当地人民和自然环境的原因。正因为中国人对待自然的这种态度，使得中国人民长久以来一直保持着人与自然的和谐关系。

在总结中外现代化的经验教训、继承中国传统“天人合一”思想的基础上，中国共产党提出了建设社会主义生态文明的思想，就是要实现人与自然和谐发展，建设以资源环境承载力为基础，以自然规律为准则，以可持续发展为目标的资源节约型、环境友好型社会，努力走向社会主义生态文明新时代。

①习近平：《决胜全面建成小康社会　夺取新时代中国特色社会主义伟大胜利——在中国共产党第十九次全国代表大会上的报告》，人民出版社，2017，第17页。

二、中国特色社会主义理论体系的实践基础

中国特色社会主义理论体系不是个别天才人物凭空想象出来的，而是从社会主义实践中总结出来的，是以新中国成立以来，特别是改革开放以来的社会主义建设作为最直接的实践基础的，是在总结我国社会主义胜利和挫折的历史经验并借鉴其他国家社会主义兴衰成败历史经验的基础上，逐步形成和发展起来的。

（一）中国特色社会主义理论体系是对我国建设社会主义正反两方面经验进行认真总结的成果

中国特色社会主义理论体系，是我们党在认真总结和汲取我国社会主义发展的历史经验基础上形成和发展的。

新中国成立后，经过三年的恢复时期，国民经济迅速恢复到了新中国成立前的最高水平。1953年，我们党制定了过渡时期总路线，1956年底完成了社会主义改造。从1956年到1966年，我国又进行了全面的社会主义建设，在社会主义道路的探索和社会主义建设方面取得了巨大的成就。在这一过程中，我们开始摆脱苏联模式，独立自主地探索适合中国国情的社会主义建设道路。以毛泽东为主要代表的中国共产党人提出以苏联为鉴，探索中国自己的社会主义建设道路的思想。毛泽东说："特别值得注意的是，最近苏联方面暴露了他们在建设社会主义过程中的一些缺点和错误，他们走过的弯路，你还想走？过去我们就是鉴于他们的经验教训，少走了一些弯路，现在当然更要引以为戒。"[①]这就明确提出了根据本国情况建设社会主义的思想。

①《毛泽东文集》（第七卷），人民出版社，1999，第23页。

但在取得巨大成绩的同时，由于缺乏社会主义建设的经验，我们对马克思主义关于社会主义的理论产生了误解，在社会主义建设中出现了许多失误。如1957年反右斗争的扩大化，1958年的“大跃进”和人民公社化运动，1966—1976年长达10年的“文化大革命”。

改革开放以来，我们党在总结社会主义建设的经验教训基础上，形成和发展了中国特色社会主义理论体系。正如邓小平所说：“三中全会以后，我们就是恢复毛泽东同志的那些正确的东西嘛，就是准确地、完整地学习和运用毛泽东思想嘛。基本点还是那些。从许多方面来说，现在我们还是把毛泽东同志已经提出、但是没有做的事情做起来，把他反对错了的改正过来，把他没有做好的事情做好。今后相当长的时期，还是做这件事。当然，我们也有发展，而且还要继续发展。”①党的十一届三中全会认真总结正反两方面经验，汲取“文化大革命”的教训，重新确立了马克思主义的思想路线，毅然决然地作出了把党和国家的工作重心转移到经济建设上来、实行改革开放的历史性决策。党的十一届六中全会作出了《关于建国以来党的若干历史问题的决议》，认真清理重大历史是非，根本否定了“文化大革命”和“无产阶级专政下继续革命”的理论，同时坚持和继承了我们党在长期社会主义建设实践中所取得的一切积极成果，完成了党在思想路线、政治路线和组织路线上的拨乱反正。

（二）中国特色社会主义理论体系是认真借鉴其他国家社会主义兴衰成败经验教训基础上的成果

在改革开放和社会主义现代化建设进程中，我们党认真汲取其他国

①《邓小平文选》（第二卷），人民出版社，1994，第300页。

家特别是苏联和东欧的社会主义国家的经验教训，为更好地发展中国特色社会主义提供了重要借鉴。苏联和东欧社会主义国家在社会主义建设中取得了历史性成就，也出现了严重失误。

1. 苏东国家在社会主义建设中所取得的举世瞩目的成就

俄国十月革命胜利，世界上出现了第一个社会主义国家。第二次世界大战后，东欧又有一批国家建立起了社会主义制度。在社会主义建设中，苏东国家取得了举世瞩目的辉煌成就。

从1950年到1984年，苏联的国民收入增长了8倍，而美国只增长了2倍。这时的苏联工业总产值已经达到美国的80%，远远超过欧洲资本主义国家，是当时世界仅有的两个超级大国之一。东欧社会主义国家以苏联为榜样，努力发展经济。到20世纪70年代，东欧社会主义国家的工业生产增长率大都高于主要资本主义国家，进入中等发达国家的行列。

2. 苏东国家在社会主义建设中的失误和教训

虽然苏东国家在社会主义建设中取得了巨大成就，但是苏东国家在二战后长期坚持斯大林模式，导致社会主义建设存在着严重的失误：

一是没有及时对高度集中的计划经济体制进行改革，影响了经济发展和社会主义优越性的发挥。计划经济体制虽然在一定历史时期推动了国民经济的快速发展，但是在第二次世界大战后，苏联和东欧国家没有根据形势的变化及时对经济体制进行改革，导致经济发展缺乏活力。

二是实行高度集中的政治体制。这种体制虽然在一定程度上维护了党和国家的统一和稳定，但是也存在严重弊端，如党政不分、权力高度集中，官僚主义、民主集中制和集体领导原则受到破坏，不能处理好党政关系、中央与地方的关系以及党群关系，致使党严重脱离群众，最终丧失了对整个国家的领导。

三是没有正确处理社会主义意识形态领域的问题。先是把阶级斗争扩大化引入到思想领域和学术领域；后来又放弃意识形态领域的斗争，导致各种社会思潮特别是反共反社会主义思潮冲击社会主义的思想文化，从赫鲁晓夫开始，苏共某些领导人全盘否定斯大林，推行与帝国主义妥协的错误路线。特别是戈尔巴乔夫所谓“民主的、人道的社会主义”的理论，进一步促使东欧国家的领导人搞“公开化”“意识形态多元化”。这样，反对社会主义、反对马克思主义、反对共产党领导的错误思想在苏东国家增长蔓延，最终丧失了马克思主义在意识形态领域的指导地位。

3. 中国特色社会主义理论体系的形成是对苏东社会主义国家建设经验教训的总结

苏东剧变是20世纪震动世界的重大事件之一。“回首这一历程，我们不难发现，这些国家的共产党不是在对外战争中被打败而丧失政权的，也不是经过你死我活的国内武装斗争被政治反对派直接打倒的，而大多是经过自我‘蜕变’，在所谓‘民主选举’中和平‘交权’下台的。”①这个历史悲剧为我国坚持中国特色社会主义道路和中国特色社会主义理论体系提供了深刻教训，中国特色社会主义理论体系就是在认真总结和吸取正反两方面经验特别是苏东剧变的历史教训基础上形成的。

第一，依靠改革开放大力发展生产力，提高人民生活水平。苏东国家虽然在经济建设方面曾经取得过巨大成就，但是20世纪70年代中期以后，由于受到高度集中的计划经济体制和政治体制的严重束缚，苏东国家的经济发展缓慢，人民群众的生活水平提高缓慢，甚至有所下降，社会主义优越性体现不出来，导致人民不满，这是苏东剧变的一个深刻教训。邓小平指出：“社会主义阶段的最根本任务就是发展生产力，社

①罗文东：《中国特色社会主义理论体系新论》，人民出版社，2008，第42页。

会主义的优越性归根到底要体现在它的生产力比资本主义发展得更快一些、更高一些，并且在发展生产力的基础上不断改善人民的物质文化生活。”[①]而要推动生产力的发展，就要进行改革开放。苏联解体的一个重要原因就是没有及时改革旧体制。党的十一届三中全会以来，我们开启了改革开放，邓小平指出：“我是主张改革的，不改革就没有出路，旧的那一套经过几十年的实践证明是不成功的。”[②]他还提出开放的思想，指出“历史经验教训说明，不开放不行。开放伤害不了我们”[③]。

第二，要在改革中坚持正确的路线方针政策。路线方针政策正确与否，是关系到共产党生死存亡和社会主义事业兴衰成败的重大问题。苏东剧变是从党的路线方针政策的逆转开始的，直接受戈尔巴乔夫的改革“新思维”和“人道的、民主的社会主义”理论纲领和路线的支配。而戈尔巴乔夫的改革“新思维”其实不过是西方的思想观念、政策措施的翻版；“人道的、民主的社会主义”本质上是对科学社会主义的背叛，是带有改良主义色彩的资本主义，其内容许多都是来自西方资本主义的政治、经济、文化、外交理论，主张在政治上实行多党制、三权分立和议会民主，在经济上实行非国有化和私有化，在思想上实行意识形态多元化，取消马克思主义的指导地位。这种改革的路线方针政策必然会引起苏东国家向资本主义的“和平演变”，改革也就不可避免地变成了“改向”和“改制”。因此，我们必须制定正确的改革开放的路线方针政策，坚持四项基本原则，推动社会主义制度的自我完善和发展。我国在搞经济体制改革时，就始终坚持社会主义市场经济改革方向，坚持把社会主义基本制度与市场经济结合起来，从而既能够发挥社会主义制

①《邓小平文选》（第三卷）．人民出版社，1993，第63页。
②《邓小平文选》（第三卷），人民出版社，1993，第237页。
③《邓小平文选》（第三卷），人民出版社，1993，第90页。

度的优越性，又能够发挥市场经济的长处，这也是中国特色社会主义的一大特色和优势。正如江泽民所指出的："我们搞的是社会主义市场经济，'社会主义'这几个字是不能没有的，这并非多余，并非'画蛇添足'，而恰恰相反，这是'画龙点睛'。所谓'点睛'，就是点明我们市场经济的性质。"①

第三，高度重视意识形态领域的斗争。在苏东剧变中，意识形态的动摇起到了重要作用。戈尔巴乔夫推行"公开性"和"意识形态多元化"，新的政策抛弃了马克思主义的党性原则和科学社会主义的理论基础，在短短的几年时间里，就搞乱了人们的思想，使敌对势力能够轻易夺权。苏东意识形态演变的教训说明，社会主义国家必须重视思想政治工作，积极有效地开展意识形态领域的斗争。社会主义的、无产阶级的思想不去占领思想文化阵地，资本主义的、资产阶级的思想就会去占领。习近平"8·19"重要讲话确立了意识形态工作的重要地位和战略任务，强调："经济建设是党的中心工作，意识形态工作是党的一项极端重要的工作。……要深入开展中国特色社会主义宣传教育，把全国各族人民团结和凝聚在中国特色社会主义伟大旗帜之下。"②

（三）中国特色社会主义理论体系是对我国改革开放和社会主义现代化建设实践经验进行科学总结的成果

改革开放以来，我们党坚持解放思想和实事求是的统一，大力发扬求真务实精神，不断推进实践基础上的理论创新，回答了一系列重大理论和实际问题，形成和发展了中国特色社会主义理论体系。

---

①中共中央文献研究室编《江泽民论有中国特色社会主义》（专题摘编），中央文献出版社，2002，第69页。

②习近平：《习近平谈治国理政》，外文出版社，2014，第153—154页。

科学判断和始终立足社会主义初级阶段的基本国情，是中国特色社会主义理论体系的立论基础。准确把握我国社会主义所处的历史方位和发展阶段，是我们党推进理论创新，制定正确的路线、方针、政策的根本出发点。我国仍处于并将长期处于社会主义初级阶段，是新时期我们党在总结历史经验的基础上形成的对现阶段我国基本国情的科学判断。党的十三大系统阐述了社会主义初级阶段理论，强调必须充分认识社会主义建设的长期性、艰巨性、复杂性，不断增强从社会主义初级阶段这个实际出发的自觉性。党的十四大、十五大、十六大都重申了社会主义初级阶段问题，强调我们想问题、作决策、办事情，不能从主观愿望出发，必须从社会主义初级阶段这个最大的实际出发。党的十七大、十八大强调我国仍处于并将长期处于社会主义初级阶段的基本国情没有变。党的十九大指出，我国社会主要矛盾发生的变化，没有改变我们对我国社会主义所处历史阶段的判断，我国仍处于并长期处于社会主义初级阶段的基本国情没有变。中国特色社会主义理论体系之所以正确，之所以能够指引改革开放伟大实践，归根结底就是因为它牢牢立足于这一基本国情的基础之上。

三、中国特色社会主义理论体系的时代背景

中国特色社会主义理论体系的产生，有它的时代背景，这就是和平与发展的时代主题。马克思、恩格斯曾说过："一切划时代的体系真正的内容都是由于产生这些体系的那个时期的需要而形成起来的。"[①]一个理论体系的形成总是和当时的国际形势紧密相连的。20世纪70年代末以

①《马克思恩格斯全集》（第三卷），人民出版社，1960，第544页。

来，和平与发展成为当代世界的主题，当然也是当代中国的主题。邓小平指出："现在世界上真正大的问题，带全球性的战略问题，一个是和平问题，一个是经济问题或者说发展问题。……概括起来，就是东西南北四个字。南北问题是核心问题。"[①]这是中国进行社会主义现代化建设所面临的国际环境，也是中国特色社会主义理论体系形成的国际背景。

面对国际形势和时代条件的深刻变化，我们党要解决好时代提出的新课题、新挑战，就必须在实践上有所创造，在理论上有所创新，只有这样，才能适应国际形势的变化，把中国特色社会主义事业不断推向前进。中国特色社会主义理论体系，就是"我们党为解决时代提出的新课题，而在实践中进行探索和创新的基础上所形成的理论创新成果"[②]。20世纪70年代末，以邓小平为核心的党中央揭示了和平与发展的时代主题，指出当今世界是开放的世界，中国的发展离不开世界这个时代趋势，从而为我们党进行社会主义现代化建设、实行改革开放奠定了科学的基础，并形成了邓小平理论。20世纪80年代末90年代初，以江泽民为核心的党中央敏锐把握冷战结束后国际形势的新变化，提出了"三个代表"重要思想，为我们党始终走在时代前列，应对各种风险考验，进一步推进中国特色社会主义事业发展指明了方向。进入新世纪新阶段，世界处在大发展大变革大调整之中，以胡锦涛为总书记的党中央顺应世界发展趋势，提出了科学发展观，为实现我国经济和社会的全面协调可持续发展提供了理论保障。党的十八大以来，以习近平为核心的党中央面对国际形势的深刻变化，形成了习近平新时代中国特色社会主义思想，为实现中华民族伟大复兴提供了科学指南。

①《邓小平文选》（第三卷），人民出版社，1993，第105页。

②孙成武：《中国特色社会主义理论体系形成的条件和背景探析》，《东北师大学报（哲学社会科学版）》2008年第6期。

第二章
中国特色社会主义理论体系的精髓和主题

中国特色社会主义理论体系的精髓贯穿于中国特色社会主义理论体系形成和发展的始终，体现在中国特色社会主义理论体系内容的各个组成部分，是中国特色社会主义理论体系的灵魂。中国特色社会主义理论体系的精髓与中国共产党的思想路线的核心是一致的，都是实事求是。正是在坚持中国共产党的思想路线基础上，中国特色社会主义理论体系坚持把马克思主义理论与中国具体实际相结合，围绕着共同的主题，形成了完整的理论体系。

一、中国特色社会主义理论体系的精髓

（一）理论精髓在理论体系中的地位和作用

对于理论而言，其精髓能使理论得以形成和发展并贯穿其始终，是体现理论基本观点和具体内容中的最根本的部分。理论精髓之于理论体系，在于它内在地赋予理论以生命力，是理论存在和发展的灵魂，也是从实质上理解和贯彻理论的钥匙。理论中的一些观点及内容可能因时代、

实践、实际的发展变化，不符合现实及未来的时代、实践、实际，而精髓则是永恒的。

精髓是理论产生的源头和发展的基础，赋予理论不断丰富、发展的动力。为此，我们称理论精髓为理论体系“活的灵魂”。马克思主义的精髓也就是指马克思主义的灵魂，是马克思主义的生命力和根本所在。有了这个根本，才会有马克思主义的全部理论，才会有马克思主义的丰富、发展和完善。

理论精髓在理论体系中的地位和作用体现在：

第一，理论精髓即理论体系中最根本的部分，是理论体系的核心和基础，它贯穿于理论体系的各个组成部分。之所以这样定位理论精髓，主要在于：理论体系主要是由三个层面构成的，一是理论形成发展的科学的世界观和方法论即理论精髓；二是理论反映和解决的中心问题即主题；三是在科学的世界观和方法论指导下围绕主题所形成的一系列相互联系的基本观点和具体内容。“在这三个层面上，理论精髓是最重要、最根本的。”[①]精髓即事物中最精华的部分，理论没有了精髓，就变得支离破碎、难以把握，或者根本就不能称其为理论。所以，要全面领会理论的观点和内容，首要的就是深刻理解、准确把握理论的精髓。

第二，理论精髓是理论体系的哲学基础。哲学主要关心的是世界的本质、结构和运动规律，并将其抽象化，最后上升到世界观和方法论的高度。理论精髓之于理论体系，在于精髓相对于理论的其他部分是一般与个别、本质与现象、绝对与相对的哲学关系，理论精髓不是现成的教条，而是供理论研究的出发点和进一步研究的方法，是理论体系赖以形成的科学的世界观和方法论。我们正确把握了理论精髓，就不会把理论

①罗文东：《中国特色社会主义理论体系新论》，人民出版社，2008，第101页。

当成教条，就能够精通并运用理论，并用新的历史实际予以继续检验，保证理论发展的方向，对理论作出符合时代条件的解释。

第三，理论精髓是理论体系的历史起点和逻辑起点。任何科学理论体系总有一个基础性范畴作为其赖以生成和发展的基点，用辩证逻辑的语言来说，就是理论的逻辑起点。精髓作为理论最根本的部分，内含在理论整个形成发展过程中，是理论形成和发展的历史起点。

第四，理论精髓贯穿于理论体系形成发展的整个过程和理论体系的各个组成部分。从纵向看，理论精髓贯穿于理论体系形成发展的整个过程。尽管随着实际情况的变化，理论体系的具体观点和具体内容发生了变化，但是对于这一理论体系的形成发展过程而言，理论精髓起着主导、贯通和统揽的作用，理论精髓是永恒贯穿于这一过程的，保证了理论科学发展的外在逻辑性。从横向看，理论精髓体现在理论体系的各个组成部分以及理论的基本观点和具体内容之中。理论精髓渗透贯穿于理论的各个部分，从而使理论的各部分有机地联系在一起，使理论各个组成部分以及理论的基本观点、具体内容相互联系、相互作用、相互依存，保证了理论的系统性和内在逻辑性。

（二）中国特色社会主义理论体系精髓是实事求是

1. 实事求是是马克思主义的根本观点和根本方法

实事求是一词最早见于中国典籍，本义是治学严谨。精通中国传统文化并为马克思主义中国化作出历史性贡献的毛泽东，对实事求是一语作了马克思主义的解释，使实事求是富有马克思主义内涵。为中国特色社会主义理论体系的形成和发展作出历史性贡献的邓小平在1992年南方谈话中指出，“实事求是是马克思主义的精髓”。习近平指出：“实事求是，是马克思主义的根本观点，是中国共产党人认识世界、改造世界的根本要求，是我们党的基本思想方法、工作方法、领导方法。”[①]这是对马克思主义本质所作的深刻揭示，是对马克思主义根本观点和根本方法所作的精湛注解。实事求是凝聚了马克思主义精华，高度概括了马克思主义要义。简而言之，实事求是是将马克思主义认识论和辩证法有机地统一起来的一条主线，是中国共产党思想路线的核心，也是马克思主义的根本观点和根本方法。

实事求是体现马克思主义唯物辩证法和认识论的基本精神。1941年毛泽东在《改造我们的学习》中对实事求是的内涵作了科学界定：“‘实事’就是客观存在着的一切事物，‘是’就是客观事物的内部联系，即规律性，‘求’就是我们去研究。我们要从国内外、省内外、县内外、区内外的实际情况出发，从其中引出其固有的而不是臆造的规律性，即找出周围事变的内部联系，作为我们行动的向导。”[②]

从毛泽东对实事求是的马克思主义的界定可以看出，实事求是涵盖了唯物辩证法的基本观点。客观世界是充满着矛盾而相互联系的，是不断运动、变化、发展的。人们改造世界的实践活动，也是由低级向高级发展的。实事求是强调调查研究，详细地占有资料，这就间接回答了世界是怎样的问题，说明了物质世界是普遍联系的，是永恒运动、发展、变化的观点。实事求是涵盖了唯物辩证法的基本观点，与形而上学的思维方法划清了界限。

实事求是还体现了马克思主义认识论的基本观点。马克思主义认为，认识是主体在实践过程中对客体的能动反映。这一反映过程随着实践的发展由感性认识上升到理性认识。一个正确的认识往往需要经过由

①中共中央文献研究室编《十八大以来重要文献选编》（上），中央文献出版社，2014，第695页。

②《毛泽东选集》（第三卷），人民出版社，1991，第801页。

实践到认识、再由认识回到实践的多次反复才能够完成。实践、认识、再实践、再认识，这种形式循环往复以至无穷，而实践和认识之每一循环的内容，都上升到了高一级的程度。这回答了主体怎样认识世界的问题，说明了认识的本质及其规律。实事求是强调一切从实际出发，实践是检验真理的唯一标准，体现了辩证唯物主义的认识论、能动的革命的反映论，与唯心论的先验论划清了界限。

实事求是是党的思想路线的核心。实事求是思想路线是中国共产党把马克思主义基本原理与中国具体实际相结合，在实践中不断总结经验的基础上形成和确立起来的。实事求是的思想路线是党在民主革命时期确立起来的。1930年毛泽东在《反对本本主义》中第一次提出了“思想路线”[①]的概念，并且强调时时了解社会情况，时时进行实际调查。1937年在《实践论》《矛盾论》等著作中，毛泽东深刻阐释了实践对认识的决定作用，矛盾的普遍性和特殊性关系等理论问题，对党的思想路线作了系统的哲学论证。从1941年至1942年，在延安整风运动中毛泽东批判主观主义特别是教条主义，强调实事求是是马克思主义的根本观点和根本方法，并对实事求是作了马克思主义的阐释。经过延安整风和党的七大，实事求是的思想路线在全党确立起来。

邓小平指出：“（党的基本路线是）一切从实际出发，理论联系实际，实事求是，在实践中检验真理和发展真理。”[②]根据邓小平的概括，从党的十二大召开至今，《中国共产党章程》一直明确规定，党的思想路线是实事求是，一切从实际出发，理论联系实际，坚持实践是检验真理的标准。一切从实际出发是人在社会实践中充分发挥自身的能动性，尊重和承认客观事实，全面地、发展地、联系地看问题，揭示事物

①《毛泽东文集》（第一卷），人民出版社，1993，第74页。
②《邓小平文选》（第二卷），人民出版社，1994，第278页。

的本质。今天，一切从实际出发，发展中国特色社会主义，最重要的就是从中国社会主义初级阶段的基本国情出发。理论联系实际即“有的放矢”，做到理论联系实际既要领会理论，又要认清实际；既要重视理论对实践的指导作用，又要重视实践对理论的基础作用。实事求是是从实际情况出发，找出事物的内部联系即规律性，作为实践的向导。在实践中检验和发展真理即认识是否正确，根本的标准是实践。

实事求是是党的思想路线的核心和实质，实事求是内在地包含一切从实际出发、理论联系实际、在实践中检验真理和发展真理的内容。一切从实际出发，是实事求是思想路线的前提和基础；理论联系实际，是实事求是思想路线的根本途径和方法；在实践中检验真理和发展真理，是实事求是思想路线的验证条件和目的。实事求是也内在地包含着解放思想、与时俱进、求真务实等内容；要做到实事求是，必须坚持解放思想、与时俱进、求真务实。党在不同时期根据不同实践环境和具体任务，针对在贯彻实事求是思想路线中存在的突出问题，分别突出强调解放思想、与时俱进、求真务实等，其目的和归宿都是实事求是。

2. 实事求是是中国特色社会主义理论体系的精髓和灵魂

2012年5月16日，习近平在中央党校春季学期第二批入学学员开学典礼上的讲话中指出：“实事求是作为党的思想路线，它始终是马克思主义中国化理论成果的精髓和灵魂，即是毛泽东思想的精髓和灵魂，是包括邓小平理论、‘三个代表’重要思想以及科学发展观在内的中国特色社会主义理论体系的精髓和灵魂。”习近平的讲话，明确了实事求是在我们党指导思想的地位——精髓和灵魂。实事求是作为中国特色社会主义理论体系的精髓，贯穿于中国特色社会主义理论体系形成发展的全过程，体现于中国特色社会主义理论体系基本内容的各个方面，是渗透于中国特色社会主义理论体系的方法论原则。

第一，实事求是贯穿于中国特色社会主义理论体系形成发展的全过程。邓小平指出："实事求是，是无产阶级世界观的基础，是马克思主义的思想基础。过去我们搞革命所取得的一切胜利，是靠实事求是；现在我们要实现现代化，同样要靠实事求是。"[①]改革开放以来，党坚持实事求是的思想路线，坚持一切从实际出发，理论联系实际，在实践中检验真理和发展真理，以研究中国问题为中心，以马克思列宁主义基本原则为指导方针，并自觉地把思想认识从那些不合时宜的观念、做法和体制的束缚中解放出来，从对马克思主义的错误的和教条式的理解中解放出来，从主观主义和形而上学的桎梏中解放出来，以实践基础上的理论创新回答了一系列重大理论和实践问题，相继形成了邓小平理论、"三个代表"重要思想、科学发展观和习近平新时代中国特色社会主义思想，开拓了马克思主义发展的新境界。

第二，实事求是体现于中国特色社会主义理论体系基本内容的各个方面。中国特色社会主义理论体系，是包含丰富内容的科学体系。而贯穿于这些内容总的一条红线就是实事求是。中国特色社会主义理论体系中关于建设中国特色社会主义的总依据、总任务、总布局理论，社会主义改革开放理论，以及其他方面的理论，是将马克思主义的基本原理结合中国改革开放和现代化建设的具体实际，在总结实践经验的进程中逐渐形成和完善的，体现的是实事求是的精神。中国特色社会主义理论体系中的各个具体思想内容，是坚持一切从实际出发、理论联系实际的产物，是实事求是的产物。

第三，实事求是是渗透于中国特色社会主义理论体系的方法论原则。实事求是是中国特色社会主义理论体系的哲学基础，蕴含着丰富的

---

①《邓小平文选》（第二卷），人民出版社，1994，第143页。

方法论原则，这一哲学思想以毛泽东的《反对本本主义》《实践论》《矛盾论》《关于正确处理人民内部矛盾的问题》《人的正确思想是从哪里来的？》等哲学著作和其他许多包含着丰富哲学思想的著作为代表，包含着丰富的内容。其中，实事求是是这个哲学思想的集中体现，它渗透于党的全部理论和实际工作中，是具有中国共产党人特色的马克思主义立场、观点和方法。党领导人民所取得的革命、改革和建设的成就，从根本上说，是因为坚持了实事求是思想路线，从而制定并贯彻了合乎中国实际的路线、方针、政策；所遭受的一切挫折，或者是因为违背了实事求是思想路线而没有能够制定出正确的路线、方针和政策，或者是因为在实践过程中偏离了实事求是思想路线，而没有能够将原来制定的正确路线、方针和政策坚持贯彻下去；党之所以能够依靠自己和人民的力量纠正错误，在挫折中奋起，继续胜利前进，根本原因在于重新确立和坚持贯彻了实事求是的思想路线。经验证明，把握了实事求是的思想路线，特别是把握了实事求是这个精髓，就把握了中国特色社会主义理论体系各个理论成果之间的历史联系和发展脉络，就把握了中国特色社会主义理论体系中的最本质的东西。正如习近平明确指出的：“不论过去、现在和将来，我们都要坚持一切从实际出发、理论联系实际，在实践中检验真理和发展真理。”①

（三）中国特色社会主义理论体系精髓的深化与发展

1. 坚持与时俱进，不断推进理论创新和实践创新

与时俱进是马克思主义的理论品质，也是马克思主义发展的历史经验。与时俱进中的“时”是指在一定的自然时间内作为客观存在的现实

①中共中央文献研究室编《十八大以来重要文献选编》（上），中央文献出版社，2014，第695页。

形势和这一条件下的人们的实际生活过程，它的实质和核心内容是人们改造物质世界的实践。

弘扬与时俱进的精神和坚持党的解放思想、实事求是的思想路线是完全一致的。与时俱进就意味着我们的各项事业要随着实践的发展和历史的进步而不断发展。特别是作为我们实践的指导思想的马克思主义以及在马克思主义指导下发展起来的科学、技术和文化，都要随着中国特色社会主义实践的发展而不断发展。

与时俱进作为思想路线的新内涵，具有重要的认识论意义：

与时俱进体现了马克思主义的实践观。马克思主义哲学认为，实践是人类活动的基本特征，是辩证唯物主义认识论的基础，是理论产生的源泉。理论也不是完全被动的，它不仅可以真实地概括实践经验的一般规律，而且能够在一定程度上指导实践。与时俱进从哲学层面上概括了理论与实践的辩证统一关系。马克思主义产生于工人阶级及其政党的革命实践活动，并在工人运动和无产阶级政党的实践中不断发展完善。这正是马克思主义的科学性所在。正像马克思、恩格斯一再强调的那样："我们的理论是发展着的理论，而不是必须背得烂熟并机械地加以重复的教条。"[①]我们应该从对马克思主义的错误认知和教条理解中解放出来，坚持科学的态度，使我们的思想和行动更符合客观实际。

与时俱进体现了马克思主义的唯物辩证法思想。马克思主义唯物辩证法认为，世界上的万事万物都处于普遍联系和永恒发展之中，事物只有在一定的联系中才能存在，总是在相互联系和影响中才能发展。马克思主义的科学性不仅体现在它是在一定历史阶段中反映实践本质和规律的理论体系，更重要的是体现在它能够超越不同的历史阶段，客观地反

①《马克思恩格斯选集》（第四卷），人民出版社，1995，第681页。

映实践自身的发展要求。马克思、恩格斯广泛研究前人的思想成果，形成了超越前人的伟大学说，为无产阶级和全人类的解放运动创建了科学的思想体系。列宁揭示了世界资本主义政治经济发展不平衡的规律，提出社会主义革命可以在一个国家或几个国家首先获得成功，并且领导十月革命取得了胜利。毛泽东把马克思列宁主义同中国革命的具体实际相结合，创立了新民主主义革命理论，指导中国革命取得了胜利，并领导中国人民走上社会主义道路。邓小平总结国内外社会主义发展的经验和教训，提出中国特色社会主义理论，指引社会主义进入蓬勃发展的新时期。江泽民总结中国特色社会主义的发展实践，提出"三个代表"重要思想，使社会主义建设成果惠及广大人民群众。胡锦涛站在新世纪的高度，提出科学发展观，引领中国特色社会主义的伟大实践向更高阶段发展。习近平立足于中国特色社会主义新时代，提出了习近平新时代中国特色社会主义思想，为实现中华民族伟大复兴提供了行动指南。马克思列宁主义、毛泽东思想、邓小平理论、"三个代表"重要思想、科学发展观以及习近平新时代中国特色社会主义思想，都是因为体现了时代精神，才产生了无穷的影响力。

与时俱进体现了马克思主义的唯物史观。马克思主义的唯物史观认为，随着特定社会生产方式、经济基础的变化，思想、文化、理论等居于上层建筑的意识形态也要发生相应的变化。马克思把唯物论引入人类社会历史领域，形成了唯物史观，揭示了生产力和生产关系、经济基础和上层建筑之间的矛盾是社会的基本矛盾。习近平新时代中国特色社会主义思想同马克思列宁主义、毛泽东思想、邓小平理论、"三个代表"重要思想和科学发展观是一脉相承的科学理论体系，深刻地蕴涵着随着时代的发展和经济基础的变化而不断发展的本质，是马克思主义与时俱进的最新成果。"与时俱进，就是党的全部理论和工作要体现时代性，把握规律性，富于创造性。”[①]体现时代性，就要用宽广的眼界观察当代中国和世界，把握和平与发展的时代主题与国际局势新变化的关系，把握经济全球化的利弊和科技革命日新月异的趋势，为坚定地走和平发展道路提供依据，为社会主义的长治久安提供借鉴。把握规律性，就要把尊重社会发展的规律与尊重人民的历史主体地位统一起来，把坚持为崇高理想奋斗与为最广大人民谋利益统一起来，把坚持完成党的各项工作与实现人民利益统一起来，深化对共产党执政规律、社会主义建设规律以及人类社会发展规律的认识。富于创造性，就要直面现实的矛盾，依据对时代、形势的科学分析和对客观规律的正确把握，适时地进行实践创新和理论创新。这三者之间是一种辩证统一的关系，体现时代性是前提，把握规律性是核心，富于创造性是目的。

2. 弘扬求真务实精神

求真务实是辩证唯物主义和历史唯物主义一以贯之的科学精神，是实事求是的核心内容和根本要求，是新时期坚持和发展实事求是思想路线的重要体现。2004年12月，胡锦涛在中央纪律检查委员会第三次全体会议上向全党郑重发出“大力弘扬求真务实精神，大兴求真务实之风”的号召。求真务实就是认真负责的态度，实事求是的精神，科学严谨的方法，使认识与实际相一致，一切从实际出发。求真务实就是不断求我国社会主义初级阶段基本国情之真，务坚持长期艰苦奋斗之实；求社会主义建设规律和人类社会发展规律之真，务抓好发展党执政兴国的第一要务之实；求人民群众的历史地位之真，务发展最广大人民根本利益之实；求共产党执政规律之真，务全面加强和改进党的建设之实。党的十八大报告强调：“面对人民的信任和重托，面对新的历史条件和考

①江泽民：《全面建设小康社会　开创中国特色社会主义事业新局面——在中国共产党第十六次全国代表大会上的报告》，人民出版社，2002，第12页。

验，……（全党）必须增强使命意识，求真务实，艰苦奋斗，始终保持共产党人的政治本色。”[①]习近平进一步指出：“实现中华民族伟大复兴是一项光荣而艰巨的事业，需要一代又一代中国人共同为之努力。空谈误国，实干兴邦。”[②]要求各级党员干部进一步发扬求真务实的作风。

求真务实是根据新形势下我们党所面临的新任务以及党的建设存在的突出问题，对全党提出的要求，对于不断开创中国特色社会主义事业新局面，实现全面建成小康社会的宏伟目标，具有重大的现实意义。

当前弘扬求真务实的精神必须从以下几个方面着手：

一是要增强求真务实的自觉性。广大党员干部“要有对党和人民事业高度负责的政治觉悟，对工作岗位的热爱和崇高追求，对广大群众的真挚情感和炽热心怀，这是最基本的内在动力”[③]。为此，要加强对党员干部的马克思主义思想教育，使党员干部牢固树立群众观点，坚持群众路线，从而增强贯彻求真务实的自觉性。

二是真正把求真务实落实到实处，体现到各项工作中去。习近平总书记在党的十九大报告中指出，要增强狠抓落实的本领，“坚持说实话、谋实事、出实招、求实效”[④]，要以钉钉子精神做实做细做好各项工作。因此广大党员干部要树立以实为先的政绩观，把对政绩的追求聚焦到改善群众生产生活、推进党的建设、处理好改革发展稳定关系等突出问题上，追求实效，“努力使政绩的亮点与发展这一焦点高度重

①胡锦涛：《坚定不移沿着中国特色社会主义道路前进　为全面建成小康社会而奋斗——在中国共产党第十八次全国代表大会上的报告》，人民出版社，2012，第56页。

②习近平：《习近平谈治国理政》，外文出版社，2014，第36页。

③梁伟：《弘扬求真务实工作作风增强求真务实自觉性》，《贵州政协报》2016年7月7日，第A03版。

④习近平：《决胜全面建成小康社会　夺取新时代中国特色社会主义伟大胜利——在中国共产党第十九次全国代表大会上的报告》，人民出版社，2017，第69页。

合”[①]。

3. 新时代继续坚持实事求是思想路线

习近平对毛泽东的实事求是思想进行了深刻的阐释，他指出：“不论过去、现在和将来，我们都要坚持一切从实际出发，理论联系实际，在实践中检验真理和发展真理。”[②]在党的十九大报告中，习近平进一步指出，我们要全面建成小康社会，实现社会主义现代化和中华民族伟大复兴中国梦，必须“坚持解放思想、实事求是、与时俱进、求真务实”[③]。习近平对实事求是思想进行了理论创新，对新时代坚持实事求是提出了进一步要求，指出“要把我们面对的情况搞清楚，要以我国改革开放和现代化建设的实际问题、以我们正在做的事情为中心。要坚决反对做表面文章、弄虚作假等形式主义积弊”[④]，等等。

首先，要了解实际，掌握实情。习近平反复强调，坚持党的实事求是的思想路线，必须充分认识和正确把握我国仍处于并将长期处于社会主义初级阶段这个最大的实际。党的十九大明确提出中国特色社会主义进入了新时代，我国社会主要矛盾已经转化为人民日益增长的美好生活需要和不平衡不充分的发展之间的矛盾。这是新中国成立以来特别是改革开放40年来，对于我国经济社会发展变化的实事求是的判断。但是我国社会主要矛盾的变化没有改变对我国社会所处历史阶段的判断，我国仍处于并将长期处于社会主义初期阶段的基本国情没有变，我国是世界最大发展中国家的国际地位没有变。我们今天就要立足社会主义初级阶

①高伟：《破解求真务实作风的落实难点》，《人民论坛》2014年第8期，第66—67页。

②习近平：《习近平谈治国理政》，外文出版社，2014，第25页。

③习近平：《决胜全面建成小康社会　夺取新时代中国特色社会主义伟大胜利——在中国共产党第十九次全国代表大会上的报告》，人民出版社，2017，第18页。

④李新市：《论新时代继续坚持党的实事求是思想路线》，《中共成都市委党校学报》2018年第2期，第38页。

段的基本国情，不断推进中国特色社会主义伟大事业。

其次，要以我们正在做的事情为中心。习近平在十八届中央政治局第一次集体学习时指出："我们一定要以我国改革开放和现代化建设的实际问题、以我们正在做的事情为中心，着眼于马克思主义理论的运用，着眼于对实际问题的理论思考，着眼于新的实践和新的发展。"[①]这进一步指明了将马克思主义理论与中国改革开放和社会主义现代化建设实践的有机结合，正是坚持实事求是思想路线的具体体现。

第三，坚决反对形式主义。习近平特别强调要坚决反对各种形式主义。习近平总书记在党的十九大报告中指出，全面从严治党永远在路上，打铁必须自身硬。我们只有同各种形式主义作坚决的斗争，才能更好地坚持党的实事求是的思想路线。习近平坚决反对做表面文章的形式主义，严厉批评个别党员干部弄虚作假的错误思想和行为。他举例说："有的不按客观规律办事，急功近利，急于求成以至蛮干、瞎干；有的为了迎合或满足某种需要，说假话、大话、空话，甚至弄虚造假；有的怕担风险，明哲保身，明知是错的，却听之任之，不批评制止；有的不喜欢听真话、实话，不愿意修正错误、择善而从。凡此种种，都违背了实事求是的要求"[②]，必须认真纠正。习近平还坚决反对在脱贫攻坚工作中的形式主义。习近平总书记指出，扶贫工作必须务实，脱贫工作必须扎实，脱贫结果必须真实，"让脱贫成效真正获得群众认可、经得起实践和历史检验"[③]。

①习近平：《习近平谈治国理政》，外文出版社，2014，第9页。

②习近平：《始终按实事求是的要求办事——在中央党校2012年春季学期第二批入学学员开学典礼上的讲话摘要》，《民主与科学》2012年第3期，第3页。

③习近平：《关于社会主义经济建设论述摘编》，中央文献出版社，2017。

二、中国特色社会主义理论体系的战略主题

中国特色社会主义理论体系在理论形态上，体现为邓小平理论、“三个代表”重要思想、科学发展观和习近平新时代中国特色社会主义思想等主要内容。

中国特色社会主义理论体系的战略主题，表现为五个重大问题：什么是马克思主义、怎样对待马克思主义，什么是社会主义、怎样建设社会主义，建设什么样的党、怎样建设党，实现什么样的发展、怎样发展，坚持和发展什么样的中国特色社会主义，怎样坚持和发展中国特色社会主义。中国特色社会主义的全部理论与实践就是紧紧围绕这五个基本问题而展开的。

1. 什么是马克思主义，怎样对待马克思主义

“什么是马克思主义、怎样对待马克思主义”，这是坚持和发展中国特色社会主义的思想前提问题。

对于这一问题，改革开放以来，邓小平澄清了过去对于“什么是马克思主义、怎么对待马克思主义”的错误认识，大力提倡科学学习和运用马克思主义。

对于什么是马克思主义的问题，邓小平从马克思主义的精髓和基本原则等方面作出了回答。邓小平指出：“实事求是，是无产阶级世界观的基础，是马克思主义的思想基础。”①1992年，邓小平又明确提出：“实事求是是马克思主义的精髓。”②邓小平不仅分析了实事求是是马克思主义的精髓，而且还提出了解放思想和实事求是的有机统一关系。关于马克思主义的基本原则，邓小平针对过去我们长期忽视生产力发展的错误

①《邓小平文选》（第二卷），人民出版社，1994，第143页。
②《邓小平文选》（第三卷），人民出版社，1993，第382页。

倾向，在1984年明确提出："什么叫社会主义，什么叫马克思主义？我们过去对这个问题的认识不是完全清醒的。马克思主义最注重发展生产力。"[①]1985年，他明确提出了"马克思主义的基本原则就是发展生产力"[②]的著名论断。

如何对待马克思主义的问题，在改革开放之初，凸显为如何对待毛泽东思想的问题。在十一届三中全会之前，邓小平就强调："要用毛泽东思想的体系来教育我们的党，来引导我们前进。"[③]之后，在怎样对待马克思主义问题上，邓小平提出，对待马克思主义，既要坚持又要发展。一方面强调进行改革开放和社会主义现代化建设，要坚持马克思主义不动摇。他指出："我们搞改革开放，把工作重心放在经济建设上，没有丢马克思，没有丢列宁，也没有丢毛泽东。老祖宗不能丢啊！"[④]另一方面，他提出要发展马克思主义，强调"马克思主义必须发展。我们不把马克思主义当做教条"[⑤]，"只有结合中国实际的马克思主义，才是我们所需要的真正的马克思主义"[⑥]。

邓小平对于"什么是马克思主义、怎样对待马克思主义"的回答，不仅恢复了党以往正确的马克思主义观，而且还有新的发展，实现了中国共产党在马克思主义观的一次飞跃，推动了邓小平理论的形成和发展，开创了马克思主义中国化的新境界。

江泽民根据中国经济社会发展的新的实际以及国际局势的新变化，对于"什么是马克思主义、怎样对待马克思主义"作了新的回答。对于

①《邓小平文选》（第三卷），人民出版社，1993，第63页。
②《邓小平文选》（第三卷），人民出版社，1993，第116页。
③《邓小平文选》（第二卷），人民出版社，1994，第44页。
④《邓小平文选》（第三卷），人民出版社，1993，第369页。
⑤《邓小平文选》（第三卷），人民出版社，1993，第191页。
⑥《邓小平文选》（第三卷），人民出版社，1993，第213页。

"什么是马克思主义"，江泽民从马克思主义的本质和理论品质等方面作了回答。对于马克思主义的本质，江泽民指出马克思主义不是教义而是行动的指南。"马克思主义是我们认识和改造世界的强大思想武器，是指导中国革命、建设和改革的行动指南。马克思主义不是教条，只有正确运用于实践并在实践中不断发展才具有强大生命力。"①对于马克思主义的理论品质，江泽民明确指出："马克思主义具有与时俱进的理论品质。"②

关于怎样对待马克思主义的问题，江泽民强调要自觉运用马克思主义的立场观点方法去解决理论和实践问题，在建设中国特色社会主义的伟大实践中去坚持马克思主义。他指出："要以我国改革开放和现代化建设的实际问题、以我们正在做的事情为中心，着眼于马克思主义理论的运用，着眼于对实际问题的理论思考，着眼于新的实践和新的发展。"③江泽民还坚决反对教条主义，主张不断发展马克思主义。他指出："我们必须与时俱进，继续丰富和发展马克思主义。如果因循守旧、停滞不前，我们就会落伍，我们党就有丧失先进性和领导资格的危险。"④江泽民将马克思主义与中国特色社会主义实践相结合，创造性地提出了"三个代表"重要思想，实现了中国共产党在马克思主义观上的又一次飞跃。

党的十六大以来，面对中国特色社会主义发展的新要求，胡锦涛对什么是马克思主义、怎样对待马克思主义的问题作了新的探索和回答。胡锦涛从马克思主义理论特征、崇高理想、价值追求和理论品质几方面

①《江泽民文选》（第三卷），人民出版社，2006，第270页。
②《江泽民文选》（第三卷），人民出版社，2006，第282页。
③《江泽民文选》（第二卷），人民出版社，2006，第12页。
④《江泽民文选》（第三卷），人民出版社，2006，第335页。

进行了精辟概括，深化了对什么是马克思主义的认识。胡锦涛指出：辩证唯物主义和历史唯物主义的世界观和方法论，是马克思主义最根本的理论特征；实现物质财富极大丰富、人民精神境界极大提高、每个人自由而全面发展的共产主义社会，是马克思主义最崇高的社会理想；马克思主义政党的一切理论和奋斗都应致力于实现最广大人民的根本利益，是马克思主义最鲜明的政治立场；坚持一切从实际出发，理论联系实际，实事求是，在实践中检验真理和发展真理，是马克思主义最重要的理论品质。对于如何对待马克思主义问题，胡锦涛强调，在新的历史条件下，要适应实践的发展，用发展着的马克思主义指导新的实践。这就要“从对马克思主义错误和教条式的理解中解放出来，从主观主义和形而上学的桎梏中解放出来”①。

十八大以来，习近平对于“什么是马克思主义”“怎样对待马克思主义”问题作出了创造性回答。关于“什么是马克思主义”，习近平主要从本质、结构、特征、功能、命运等方面做了阐释。特别是在马克思主义的本质问题上，习近平认为：坚持以马克思主义为指导，核心在于解决为什么人的问题，而“以人民为中心”则是这一本质要求的集中体现。从“全心全意为人民服务”到“一切以人民利益为最高准绳”，从“维护最广大人民的根本利益”到“以人为本”，再到“以人为中心”政党宗旨的提出，中国共产党不断深化了对马克思主义的理解和认识。关于“怎样对待马克思主义”，习近平反复强调，要“认真学习马克思主义理论，这是我们做好一切工作的看家本领”②，要真学、真懂、真

①胡锦涛：《在纪念中国共产党的十一届三中全会召开30周年大会上的讲话》，人民出版社，2008，第15页。

②习近平：《在中央党校建校80周年庆祝大会暨2013年春季学期开学典礼上的讲话》，人民出版社，2013，第7页。

信、真用马克思主义，这为坚持马克思主义提供了指南。习近平还探讨了关于“如何处理好马克思主义和中华文化的关系”问题，提出要推动马克思主义与中华优秀传统文化的有机融合。习近平深刻指出：“中国共产党人是马克思主义者，坚持马克思主义的科学学说，坚持和发展中国特色社会主义，但中国共产党人不是历史虚无主义者，也不是文化虚无主义者。”①“中华优秀传统文化是我们最深厚的文化软实力，也是中国特色社会主义植根的文化沃土”②。这进一步丰富和发展了中国共产党的马克思主义观。

2. 什么是社会主义、怎样建设社会主义

什么是社会主义、怎样建设社会主义，这是中国共产党在整个社会主义历史阶段都必须探索和回答的问题。

改革开放历史新时期的开辟，中国特色社会主义新道路的开创，与邓小平对什么是社会主义、怎样建设社会主义这个基本问题的提出和回答紧密联系。邓小平指出：“问题是什么是社会主义，如何建设社会主义。我们的经验教训有许多条，最重要的一条，就是要搞清楚这个问题。”③在深刻总结我国和其他社会主义国家的经验教训基础上，他指出：“社会主义是一个很好的名词，但是如果搞不好，不能正确理解，不能采取正确的政策，那就体现不出社会主义的本质。”④“不解放思想不行，甚至于包括什么叫社会主义这个问题也要解放思想。”⑤邓小平进一步批判了过去对于社会主义的错误观念，指出贫穷不是社会主义，发

①习近平：《在纪念孔子诞辰2565周年国际学术研讨会暨国际儒学联合会第五届会员大会开幕会上的讲话》，人民出版社，2014，第13页。

②《习近平在中共中央政治局第十八次集体学习时强调　牢记历史经验历史教训历史警示为国家治理能力现代化提供有益借鉴》，《人民日报》2014年10月14日。

③《邓小平文选》（第三卷），人民出版社，1993，第116页。

④《邓小平文选》（第二卷），人民出版社，1994，第313页。

⑤《邓小平文选》（第二卷），人民出版社，1994，第312页。

展太慢也不是社会主义；平均主义不是社会主义，两极分化也不是社会主义；僵化封闭不能发展社会主义，照搬外国也不能发展社会主义；没有民主就没有社会主义，没有法制也没有社会主义；不重视物质文明搞不好社会主义，不重视精神文明也搞不好社会主义。经过深邃的思考，1992年初，邓小平对于社会主义本质作了总结性概括："社会主义的本质，是解放生产力，发展生产力，消灭剥削，消除两极分化，最终达到共同富裕。"①对于在开辟中国特色社会主义道路的过程中，邓小平对什么是社会主义、怎样建设社会主义的问题作出了新回答，形成了邓小平理论，推进了马克思主义中国化进程。邓小平理论的形成，不仅为中国特色社会主义提供了理论支撑，也奠定了中国特色社会主义理论体系的坚实基础。

党的十三届四中全会以后，以江泽民为主要代表的党的第三代中央领导集体，对于社会主义初级阶段的基本特征、本质要求、主要任务以及社会主义与资本主义的根本区别等重大问题作了新回答，将什么是社会主义、怎样建设社会主义问题的认识提高到新的水平。"'三个代表'重要思想用一系列紧密联系、相互贯通的新思想、新观点、新论断，进一步回答了什么是社会主义、怎样建设社会主义的问题"，并且"在什么是社会主义、怎样建设社会主义这个根本问题上形成了富有独创性的理论成果。"②

党的十六大以来，以胡锦涛为总书记的中央领导集体，在新的历史起点上，在提出科学发展观的过程中，对什么是社会主义、怎样建设社会主义问题作了进一步的回答和解决。他提出了社会主义和谐社会理

①《邓小平文选》（第三卷），人民出版社，1993，第373页。

②中共中央文献研究室编《十六大以来重要文献选编》（下），中央文献出版社，2008，第592页。

论、以改善民生为重点的社会建设、切实加强社会管理等重要思想和改革举措，进一步提高了对什么是社会主义、怎样建设社会主义问题的认识。

党的十八大以来，以习近平为核心的党中央，对于什么是社会主义、怎样建设社会主义作了进一步回答，强调要坚持中国特色社会主义道路自信、理论自信、制度自信、文化自信，将“三个自信”扩展为“四个自信”，使我们对社会主义的认识在理论维度、实践维度、制度维度的基础上，增加了更为基本、更为持久的文化维度；强调统筹推进“五位一体”总体布局、协调推进“四个全面”战略布局，等等。这些论述进一步深化了对什么是社会主义、怎样建设社会主义问题的认识。

3. 建设什么样的党、怎样建设党

建设什么样的党、怎样建设党，是中国共产党自成立以来始终面临的一个重大问题，也是坚持和发展中国特色社会主义的一个重大问题。

改革开放40年来，我们党坚持把推进中国特色社会主义伟大事业和推进党的建设新的伟大工程紧密结合，对加强党的建设问题进行了艰辛的探索。

改革开放以来，邓小平围绕着“执政党应该是一个什么样的党，执政党的党员应该怎样才合格，党怎样才叫善于领导”[①]的问题，初步回答了在改革开放条件下如何加强和改进党的建设的一系列重大问题，深化了我们党对自身建设规律的认识。邓小平强调必须坚持四项基本原则，必须坚持党的领导，并努力改善党的领导。在不断开创中国特色社会主义伟大事业进程中，始终注意加强党的思想理论建设，反对资产阶级自由化，加强党的制度建设，实行党政分开，加强党的组织建设，实现干

①中共中央文献研究室编《十六大以来重要文献选编》（中），中央文献出版社，2006，第612页。

部队伍的“四化”，加强党的作风建设，坚决惩治腐败，从而开创了党的建设新的伟大工程。

党的十三届四中全会以后，随着党所处的环境和肩负的任务的新变化，党在思想、组织、作风建设方面出现了一些突出问题。以江泽民为核心的党的第三代中央领导集体对在长期执政、对外开放、发展社会主义市场经济条件下加强和改进党的建设提出了一系列重要新思想，系统地回答了新的历史条件下党的建设的根本问题。江泽民强调坚持党的领导，核心是坚持党的先进性。他明确提出：中国共产党必须始终代表中国先进生产力的发展要求，代表中国先进文化的前进方向，代表中国最广大人民的根本利益。他强调推进党的建设新的伟大工程，重点是加强党的执政能力建设。提出要坚持党要管党、从严治党的方针。他指出：“治国必先治党，治党务必从严。治党始终坚强有力，治国必会正确有效。”[①]党的十六大以来，以胡锦涛为总书记的党中央，着力探讨党的执政能力建设的思想，提出了加强党的先进性建设的思想，强调以执政能力建设为重点推进党的建设新的伟大工程。党的十六届四中全会通过的《关于加强党的执政能力建设的决定》对加强党的执政能力建设的总体目标、主要任务等重大问题作出了新的回答。党的十七大，胡锦涛再次强调：“党的执政能力建设关系党的建设和中国特色社会主义事业的全局，必须把提高领导水平和执政能力作为各级领导班子建设的核心内容抓紧抓好。”党的十七届四中全会通过的《关于加强和改进新形势下党的建设若干重大问题的决定》，是以胡锦涛为总书记的党中央在新的历史起点上，对建设什么样的党、怎样建设党的重大问题的新的探索和回答，是对中国特色社会主义理论体系的新的发展。

---

①《江泽民文选》（第二卷），人民出版社，2006，第496页。

党的十八大以来，习近平总书记在各种重大场合对加强新形势下党的建设发表了一系列重要论述，对党要管党、从严治党作出重大战略部署。习近平总书记非常重视党的思想建设，强调共产党人的理想信念。他强调："坚定理想信念，坚守共产党人精神追求，始终是共产党人安身立命的根本。对马克思主义的信仰，对社会主义和共产主义的信念，是共产党人的政治灵魂，是共产党人经受住任何考验的精神支柱。"①关于党的组织建设，党的十八大后，习近平总书记特别强调选人用人问题，强调要树立正确用人导向，并具体阐述了用人标准。他要求"各级党委要使那些对群众感情真挚、深得拥护，说话办事有灼见、有效率，对上对下都实实在在、不玩虚招，清正廉洁、公众形象好的干部，得到褒奖和重用；使那些享乐思想严重、热衷于形式主义、严重脱离群众的干部，受到警醒和惩戒，用为民务实清廉的良好形象凝聚党心民心"②。在党的作风建设方面，习近平总书记提出严厉整顿党风，实行群众路线，强调真抓实干，多次谈到"空谈误国，实干兴邦"。他强调指出："这个道理，我们要牢记在心。各级领导干部要坚持为民务实清廉，切实转变工作作风，做到讲实话、干实事，敢作为、勇担当，言必行、行必果。"③以习近平为核心的党中央高度重视党风廉政建设和反腐败工作。对清除腐败分子，习近平总书记旗帜鲜明地提出："要坚持'老虎'，'苍蝇'一起打，既坚决查处领导干部违纪违法案件，又切实解决发生在群众身边的不正之风和腐败问题。要坚持党纪国法面前没

①中共中央文献研究室编《论群众路线——重要论述摘编》，中央文献出版社、党建读物出版社，2013，第121页。

②《习近平春节前夕赴甘肃看望各族干部群众》，《人民日报》2013年2月6日。

③中共中央文献研究室编《论群众路线——重要论述摘编》，中央文献出版社、党建读物出版社，2013，第127页。

有例外，不管涉及到谁，都要一查到底，决不姑息。”①在制度建设方面，习近平总书记强调把权力关进制度的笼子里，形成不敢腐的惩戒机制、不能腐的防范机制、不易腐的保障机制，进一步完善党的法规制度。习近平关于党的建设的论述，涉及党的思想建设、组织建设、作风建设、反腐倡廉建设和制度建设等各个方面，提出了许多新思想、新观点、新论断、新要求，极富现实针对性，进一步丰富了马克思主义建党学说，为全面提高党的建设科学化水平提供了新的重要理论指导。

4. 实现什么样的发展、怎样发展

实现什么样的发展、怎样发展，是一个为坚持和发展中国特色社会主义、实现中华民族伟大复兴奠定坚实基础的重大问题。

发展问题是邓小平理论的重要内容。改革开放一开始，邓小平即把发展作为解决中国所有问题的关键，提出发展是硬道理，认为能否解决中国社会主义初级阶段所有问题、能否发挥社会主义制度优越性，关键是靠发展。发展是硬道理的发展理念，从思想观念上和政治意识上解决了中国为什么需要发展、为什么需要快速发展的根本性问题，“明确了我国发展的战略目标、发展的方法原则、发展的重要动力、发展的根本任务以及发展的衡量标准”②，从而深化了我们党对于实现什么样的发展、怎样发展的认识。

江泽民在提出“三个代表”重要思想时，十分强调“发展是党执政兴国的第一要务”，进一步突出了发展的重要地位，强调了发展的重要作用，将“实现什么样的发展、怎样发展”的问题看成是社会主义现代化建设的根本所在，与保持党的先进性、发挥社会主义制度优越性联系起来，这表明中国共产党对社会发展问题的认识迈上了一个新的台阶。

①习近平：《认真学习党章严格遵守党章》，《人民日报》2012年11月16日。

②陈丽伟：《改革开放四十年来中国共产党发展理念的演进》，《理论与当代》2018年第7期。

以胡锦涛为总书记的党中央，立足社会主义初级阶段基本国情，总结我国发展实践，借鉴国外发展经验，提出了科学发展观。科学发展观强调以人为本，坚持全面协调可持续的发展，提出要统筹城乡发展、统筹区域发展、统筹经济社会发展、统筹人与自然和谐发展、统筹国内发展和对外开放，提出要正确认识和妥善处理中国特色社会主义事业中的重大关系，努力实现科学发展、和谐发展、和平发展，坚持发展为了人民、发展依靠人民、发展成果由人民共享。这些新的概括，是对我国新世纪新阶段实现什么样的发展、怎样发展的问题的新的全面的探索，是对科学发展目标和任务的新的界定，对改革开放后中国共产党发展理念的进一步完善。

党的十八大以来，以习近平为核心的党中央，面对经济社会发展的新趋势、新机遇和新矛盾、新挑战，坚持以人民为中心的发展思想，鲜明提出了创新、协调、绿色、开放、共享的新发展理念。新发展理念丰富了发展内涵，充实了发展内容，指明了发展方向，强调了发展重点，明确了发展目的，强化了发展动力。五大发展理念强调创新是发展的第一动力，协调是持续健康发展的内在要求，绿色是永续发展的必要条件，开放是国家繁荣发展的必由之路，共享是中国特色社会主义的本质要求。“五大发展理念，是‘十三五’乃至更长时期我国发展思路、发展方向、发展着力点的集中体现，也是改革开放30多年来我国发展经验的集中体现，反映出我们党对我国发展规律的新认识。”[1]五大发展理念深化了我们党对人类社会发展规律和中国特色社会主义建设规律的新认识，是对中国共产党发展理论的重大升华。

①习近平：《关于〈中共中央关于制定国民经济和社会发展第十三个五年规划的建议〉的说明》，《人民日报》2015年11月4日，第2版。

5. 坚持和发展什么样的中国特色社会主义，怎样坚持和发展中国特色社会主义

坚持和发展中国特色社会主义，是改革开放以来党的全部理论和实践的鲜明主题。从党的十三大起，历次党的全国代表大会报告标题都有中国特色社会主义这个主题词。党的十八大以来，以习近平为核心的党中央，不断深化对中国特色社会主义的认识思考，对于坚持和发展中国特色社会主义作了创造性回答。对于坚持和发展什么样的中国特色社会主义，习近平从理论渊源、历史根据、本质特征、独特优势、强大生命力等多方面多角度作出了深刻回答。比如，强调中国特色社会主义是既坚持科学社会主义基本原则，又具有鲜明实践特色、理论特色、民族特色、时代特色的社会主义，深刻揭示了中国特色社会主义的理论依据和实践基础；强调中国共产党领导是中国特色社会主义最本质特征和最大制度优势，深刻总结了中国共产党和中国人民坚持和发展中国特色社会主义的最根本的规律；强调中国特色社会主义是中国特色社会主义道路、理论、制度、文化辩证统一的社会主义，是统揽伟大斗争、伟大工程、伟大事业、伟大梦想的社会主义，是根植于中国大地、反映中国人民意愿、适应中国和时代发展进步的社会主义，这些论述进一步丰富和拓展了中国特色社会主义的内涵和外延。对于怎样坚持和发展中国特色社会主义，习近平深刻揭示了新时代坚持和发展中国特色社会主义的总目标、总任务、总体布局、战略布局和发展方向等基本问题，深刻地揭示了新时代中国特色社会主义的建设路径和发展规律。

总之，什么是马克思主义、怎样对待马克思主义，什么是社会主义、怎样建设社会主义，建设什么样的党、怎样建设党，实现什么样的发展、怎样发展，坚持和发展什么样的中国特色社会主义，怎样坚持和发展中国特色社会主义这五个基本问题贯穿于中国特色社会主义理论体

系发展的全过程，促进了中国特色社会主义理论体系的创新和发展。党的十八大以来，习近平新时代中国特色社会主义思想围绕着坚持和发展中国特色社会主义这一核心要义，对于新时代坚持和发展什么样的中国特色社会主义，怎样坚持和发展中国特色主义的创造性回答，进一步推进了中国特色社会主义的实践创新和理论创新，进一步深化、拓展和升华了对中国特色社会主义规律的认识，开辟了马克思主义和中国特色社会主义的新境界，为新时代坚持和发展中国特色社会主义提供了根本指引。

第三章
中国特色社会主义理论体系的开篇之作——邓小平理论

邓小平理论是马克思列宁主义的基本理论同当代中国实践和时代特征相结合的产物，是对毛泽东思想在新的历史条件下的继承和发展，是中国共产党集体智慧的结晶，开创了中国特色社会主义理论体系，成为中国特色社会主义理论体系的第一个重大成果和思想根基。

一、邓小平理论的形成过程及基本特点

邓小平理论是在和平与发展成为时代主题的历史条件下，在我国改革开放和现代化建设的实践中，在总结我国社会主义胜利和挫折的历史经验并借鉴其他社会主义国家兴衰成败的历史经验的基础上，逐步形成和发展起来的。

邓小平理论的形成和发展分成四个阶段：

（一）从1978年党的十一届三中全会到1982年党的十二大，是邓小平理论的初步形成阶段

这一阶段，邓小平开辟了中国特色社会主义道路，这一道路所涉及

的基本理论问题开始提出，并形成了主题。

1978年12月召开的十一届三中全会，是新中国成立以来我们党历史上具有深远意义的伟大转折，这次全会批评了“两个凡是”的错误方针，果断地作出了把党和国家工作重点转移到社会主义现代化建设上来的战略决策，提出了一系列有利于增强党的团结和调动一切积极因素的方针政策，标志着党重新确立了马克思主义的思想路线、政治路线和组织路线。邓小平在为这次全会作准备的中央工作会议上所作的《解放思想，实事求是，团结一致向前看》的重要报告，成为开创我国社会主义现代化建设新局面的宣言书。

党的十一届三中全会以后，在改革和建设的实践中，我们党又提出了一系列重要的理论观点和方针政策。邓小平提出了“走出一条中国式的现代化道路”的思想，在实际工作中正本清源，有步骤地解决历史遗留问题，科学地阐述许多从实践中提出的理论和政策问题。针对关于实行家庭联产承包责任制和创办经济特区等改革的举措是姓“社”还是姓“资”的争议，邓小平提出要把解放思想从对毛泽东的“两个凡是”推进到“什么是社会主义”和“怎样建设社会主义”的问题；针对在拨乱反正过程中发生的错误思潮，他又强调在整个改革过程中必须坚持四项基本原则。1979年3月在党的理论工作务虚会上，邓小平针对社会上出现的一股反对社会主义道路、攻击人民民主专政、反对党的领导、否定毛泽东思想的错误思潮，明确提出必须坚持社会主义道路、坚持人民民主专政、坚持共产党的领导、坚持马列主义和毛泽东思想的“四个坚持”，并把它看作是团结全国各族人民的政治基础，实现四个现代化的根本前提和我们的立国之本。

1981年，党的十一届六中全会召开，全会审议并通过了《关于建国以来党的若干历史问题的决议》。决议运用马克思主义的辩证唯物论和历史唯物论的观点，对新中国成立以来党的重大历史事件，特别是“文化大革命”作了正确的总结，科学地分析了在这些事件中党的指导思想的正确和错误，以及产生错误的主观因素和社会原因；实事求是地评价了毛泽东在中国革命中的历史地位，充分肯定毛泽东思想作为党的指导思想的伟大意义；肯定了十一届三中全会以来逐步确立的适合中国国情的建设社会主义现代化强国的正确道路，进一步指明了中国社会主义事业和党的工作继续前进的方向。这次会议是继中共十一届三中全会以来党的历史上又一次具有重大历史意义的会议，是总结经验、团结前进的会议，标志着中国共产党胜利完成了在指导思想上拨乱反正的历史任务。

在1982年党的十二大开幕词中，邓小平正式提出了“建设有中国特色的社会主义”的科学命题。他指出：“把马克思主义的普遍真理同我国的具体实际结合起来，走自己的道路，建设有中国特色的社会主义，这就是我们总结长期历史经验得出的基本结论。”[①]根据邓小平的思想，党的十二大报告系统地阐述了关于社会主义特征的理论，指出：消灭剥削制度，生产资料公有，按劳分配，国民经济有计划按比例发展，工人阶级和劳动人民的政权，以共产主义思想为核心的社会主义精神文明，高度发达的生产力和比资本主义更高的劳动生产率，这些都是社会主义的重要特征。十二大还提出了党在新时期的总任务，提出了我国社会主义现代化建设的战略目标、战略重点、战略步骤等一系列重要方针。这些都说明，邓小平理论已经初步孕育形成。

（二）从1982年党的十二大到1987年党的十三大，是邓小平理论的形成轮廓阶段

党的十二大以后，针对改革和建设中出现的一些新情况和新问题，

①《邓小平文选》（第三卷），人民出版社，1993，第3页。

邓小平对已取得成功的实践经验作出了理论概括，并以此初步形成建设有中国特色社会主义的理论轮廓。

中国特色社会主义道路首先是以经济建设为中心取代以阶级斗争为纲，改革开放的现实路径选择是经济领域以市场化为导向。为了统一全党思想，为改革开放提供强大的思想动力，邓小平对这些基本理论问题提供了必要性和可能性的根据。一方面，他根据世界形势的新变化和中国和平发展的价值追求，提出了“和平和发展”是当代世界最迫切需要解决的时代课题的理论，根据中国的基本国情和“民富国强”的价值追求，提出了“社会主义初级阶段”理论，从而为以经济建设为中心和实行全面改革开放提供了理论根据；另一方面，在总结改革从农村发展到城市、从运行机制深化到经济体制再拓展到各方面体制、从对内搞活发展到全方位对外开放的实践成果的基础上，邓小平推动了1984年十二届三中全会《中共中央关于经济体制改革的决定》的出台，其中提出的社会主义经济是公有制基础上的有计划的商品经济，作为马克思主义理论的重大创新，为经济体制全面改革提供了新的理论指导。接着，邓小平推动了科技体制和教育体制的改革，并提出了政治体制改革的目标和任务以及一系列“两手抓”的战略方针。1986年，十二届六中全会通过了《关于社会主义精神文明建设指导方针的决议》。

1987年10月召开的党的十三大，比较系统地论述了社会主义初级阶段的理论，明确阐述了党在社会主义初级阶段的基本路线，即“领导和团结全国各族人民，以经济建设为中心，坚持四项基本原则，坚持改革开放，自力更生，艰苦创业，为把我国建设成为富强、民主、文明的社会主义现代化国家而奋斗”[①]。党的十三大还阐发了我们党在对社会主义再认识的过程中提出的十二个科学的理论观点，这些理论观点构成了中

①《江泽民文选》（第二卷），人民出版社，2006，第252页。

国特色社会主义理论的轮廓，初步回答了我国社会主义现代化建设的发展阶段、任务、动力、条件、布局和国际环境等基本问题。党的十三大的召开，标志着中国特色社会主义理论和路线的正式形成。

（三）从1987年党的十三大到1992年党的十四大，是邓小平理论的体系形成阶段

党的十三大以后，随着社会主义现代化建设实践的推进，中国特色社会主义理论得到了进一步的丰富和发展。1988年9月，邓小平提出了“科学技术是第一生产力”的论断，这为我们确立经济发展依靠教育和科技的方针奠定了理论基础。1990年12月30日，党的十三届七中全会通过了《关于制定国民经济和社会发展十年规划和“八五”计划的建议》，对全党建设中国特色社会主义的基本理论和基本实践分为十二个方面进行了概括。1991年7月1日，江泽民在庆祝中国共产党成立七十周年大会上的讲话中，从经济、政治、文化三个方面阐述了建设中国特色社会主义的九条基本要求。

1992年，邓小平发表了著名的南方谈话（被称为邓小平的“第二个宣言书”），精辟地分析了国际国内形势，科学地总结了十一届三中全会以来党的基本实践经验，从理论上深刻回答了长期困扰和束缚人们思想的许多重大问题，极大地丰富了中国特色社会主义理论。

1992年十四大，确定了社会主义市场经济的目标模式，确立了“邓小平同志关于建设有中国特色社会主义理论”在全党的指导地位，对这一理论从发展道路、发展阶段、根本任务、发展动力、外部动力、政治保证、战略步骤、领导和依靠力量以及祖国统一等九个方面，作了新的概括，初步构建了这一理论的体系，并作出了这一理论是“当代中国的马克思主义”的历史定位。

从1992年党的十四大到1997年党的十五大，邓小平理论进一步发展。这一阶段，党中央确立了“邓小平理论”的科学概念并将之在党章中确定为党的指导思想。

党的十四大以后，党的第三代中央领导集体遵循邓小平的“政治交代”，在经历社会主义市场经济体制的深刻变革和应对世界格局剧烈变动的进程中，妥善处理改革、发展、稳定的关系，在各个领域都取得了巨大成就。1997年2月邓小平病逝，面对前进道路上的新的矛盾和困难，为了把建设中国特色社会主义事业全面推向21世纪，全党需要在作为党的指导思想的旗帜问题上，有高度的自觉性和坚定性。1997年召开的十五大，正式提出“邓小平理论”的概念，并对其历史地位、指导意义、科学体系和时代精神作了新的阐发，在党章中确立为党的指导思想。1999年的宪法修正案正式将邓小平理论载入宪法。

关于邓小平理论的特点，学者们近些年来进行了深入的研究。陈锡喜认为在邓小平理论形成过程中，具有理论与实践积极互动、破与立巧妙结合、理论的原始创新与实践的集成创新和再创新有机统一等基本特点。[①]谢华认为邓小平理论作为一个完整的科学体系，其特点体现在科学性、实践性、创新性、辩证性、人民性和时代性六个方面。[②]杨礼宾等认为邓小平理论的特点体现在五个统一，即立足中国与面向世界的统一；立足现实与面向未来的统一；解放思想与实事求是的统一；社会主义本质特征与中国特色的统一；建设物质文明与建设精神文明的统一。[③]龙承

①陈锡喜：《邓小平理论形成的过程、基本特点及其对研究和阐释党的创新理论的启示》，《马克思主义理论学科研究（季刊）》2016年第3期。

②谢华：《邓小平理论特点综论》，《河南师范大学学报（哲学社会科学版）》1998年第4期。

③杨礼宾、徐兆熊：《试论邓小平理论的基本特点》，《南通师范学院学报（哲学社会科学版）》1999年第4期。

海认为邓小平理论体系具有开放性特点。[1]丁汝芳认为邓小平理论具有科学性、深刻性、战略性、辩证性、原则性和发展性的特点。[2]综合起来，邓小平理论的特点突出体现在：

一是科学性。科学性体现在邓小平理论已经形成了比较完备的理论体系，并且被实践证明其真理性。这一理论体系以解放思想、实事求是为哲学基础和精髓，形成了中国特色社会主义建设的基本理论，包括社会主义发展道路论、发展阶段论、根本任务论、发展动力论、外部条件论、政治保证论、战略步骤论、领导力量和依靠力量论、祖国统一论等方面。在这些理论指导下，我们党制定了社会主义初级阶段的基本路线，作出了改革开放的伟大决策，规划了中国社会主义的宏伟蓝图，确立了在经济、政治、思想文化、祖国统一等各个方面和领域的一套方针政策，推动了我国改革开放和社会主义现代化建设的实践。这些理论、路线及政策已经被改革开放和现代化建设的实践证明了其真理性。例如20世纪80年代，邓小平提出了当今时代主题是和平与发展的科学判断，这为我国制定社会主义初级阶段的基本路线、实行独立自主的和平外交政策、加快发展指明了方向，奠定了理论基础。

二是实践性。实践性是邓小平理论的重要特点。实践性特别体现在邓小平理论是在我国改革开放和社会主义现代化建设的实践经验基础上形成发展的。邓小平理论的理论创新是适应我国改革开放和现代化建设的实践需要的，是总结和提升了人民群众创造的新鲜经验的成果。改革开放和社会主义现代化建设是前无古人的伟大事业，既不能照抄本本，也没有现成的经验照搬，只能根据马克思主义基本原理结合中国实际，研究新情况，解决新问题，创造新理论。正如邓小平所说的："我们改

---

①龙承海：《论邓小平理论体系的开放性特点》，《中央社会主义学院学报》2000年第3期。

②丁汝芳：《试论邓小平理论的内在特点》，《南京政治学院学报》2000年第3期。

革开放的成功，不是靠本本，而是靠实践，靠实事求是。农村搞家庭联产承包，这个发明权是农民的。农村改革中的好多东西，都是基层创造出来，我们把它拿来加工提高作为全国的指导。”[①]

三是创新性。邓小平理论的创新性集中体现为对马克思列宁主义、毛泽东思想的创新和发展。邓小平的社会主义市场经济理论、社会主义初级阶段理论、社会主义本质理论，都是在马克思主义发展史上第一次提出的，是对马克思主义的创新。针对社会主义国家能不能搞市场经济的问题，邓小平创造性地指出：“计划多一点还是市场多一点，不是社会主义与资本主义的本质区别。计划经济不等于社会主义，资本主义也有计划；市场经济不等于资本主义，社会主义也有市场。计划和市场都是经济手段。”[②]正是上述理论的创新，确定了我国社会主义市场经济的改革方向，使社会主义经济焕发出蓬勃生机和活力。

二、邓小平理论的科学体系

邓小平理论第一次比较系统地回答了中国这样的经济文化落后的国家如何建设社会主义、如何巩固和发展社会主义等一系列基本问题，初步揭示了落后国家建设社会主义的本质规律，用新的思想、观点丰富和发展了马克思主义，形成了一个比较完备的科学体系。

邓小平理论的科学体系由精髓、主题和基本问题三个层次构成。其中“解放思想、实事求是”是邓小平理论的精髓；“什么是社会主义、怎样建设社会主义”是邓小平理论的主题；建设有中国特色社会主义的

①《邓小平文选》（第三卷），人民出版社，1993，第382页。
②《邓小平文选》（第三卷），人民出版社，1993，第373页。

基本问题是第三层次，邓小平理论阐述了发展道路、发展阶段、根本任务、发展动力、外部条件、政治保证、战略步骤、党的领导和依靠力量以及祖国统一等一系列基本问题。

邓小平理论的科学体系包含着丰富的内容，主要有：

（一）社会主义初级阶段理论

邓小平指出，我国还处在社会主义初级阶段，这是一个至少上百年的历史阶段，制定一切方针政策都必须以这个基本国情为依据，不能脱离实际，超越阶段。我国处在社会主义初级阶段，是邓小平和党中央对中国基本国情的科学判断。这个科学判断，使我们对社会主义建设的长期性、紧迫性、复杂性、艰巨性有了更加清醒的思想准备，也使我们深化了对社会主义建设任务的认识，使我们的方针、政策建立在科学的基础之上。

社会主义改造完成后，我国的国情应当怎样认识，在党的十一届三中全会之前，我们党对此作过有益的探索，但是直到十一届三中全会以后，我们党才逐步提出了我国处在社会主义初级阶段的科学论断。改革开放后，党对社会主义发展阶段的认识经历了一个过程。

改革开放之初，邓小平提出，现在搞建设，要适合中国情况，走出一条中国式的现代化道路。“不要离开现实和超越阶段采取一些‘左’的办法，这样是搞不成社会主义的。”①党的十三大前夕，邓小平又强调指出：“我们党的十三大要阐述中国社会主义是处在一个什么阶段，就是处在初级阶段，是初级阶段的社会主义。社会主义本身是共产主义的初级阶段，而我们中国又处在社会主义的初级阶段，就是不发达的阶

①《邓小平文选》（第二卷），人民出版社，1994，第312页。

段。一切都要从这个实际出发，根据这个实际来制订规划。”[①]党的十三大系统地论述了社会主义初级阶段理论及其基本路线，实现了对我国国情认识的一个飞跃。党的十五大进一步阐述了社会主义初级阶段的基本特征，并制定了社会主义初级阶段的基本纲领。

邓小平的社会主义初级阶段理论准确揭示了当代中国的历史方位，是建设中国特色社会主义的总依据，是对马克思主义关于社会主义发展阶段理论的重大发展和重大突破。

（二）社会主义本质理论

什么是社会主义、怎样建设社会主义，是邓小平在领导改革开放和现代化建设中，不断提出和反复思考的首要的基本的理论问题。而搞清楚这个问题，关键是要在科学总结历史经验和坚持社会主义基本制度的基础上进一步认清社会主义的本质。邓小平根据马克思主义的基本原理和社会主义的实践经验，对这个问题进行了不懈的探索。他指出：“社会主义的本质，是解放生产力，发展生产力，消灭剥削，消除两极分化，最终达到共同富裕。”[②]

这一科学概括，遵循了科学社会主义的基本原则，反映了人民的利益和时代的要求，廓清了不合乎时代进步和社会发展规律的模糊观念，摆脱了长期以来拘泥于具体模式而忽略社会主义本质的错误倾向，深化了对科学社会主义的认识。这对于我们在坚持社会主义基本制度的基础上推进改革，指导改革沿着合乎社会主义本质要求的方向发展，对于建设中国特色的社会主义，具有重大的政治意义、理论意义和实践意义。

---

①《邓小平文选》（第三卷），人民出版社，1993，第252页。
②《邓小平文选》（第三卷），人民出版社，1993，第373页。

1. 社会主义本质理论把我们对社会主义的认识提高到一个新的科学水平

社会主义本质，是对社会主义社会形态区别于资本主义和其他社会形态的质的规定性的理论概括，它是科学社会主义最基本的理论问题。只有科学认识社会主义本质，才能正确认识什么是社会主义。

马克思、恩格斯对社会主义的特征作过论述，为我们认识什么是社会主义提供了理论基础。但他们没有直接论述过社会主义本质问题，也没有关于“社会主义的本质”的提法。列宁虽然提出过“社会主义的目的”，毛泽东也认识到，每一种社会形式和思想形式，都有它的“特殊的本质”，但他们都没有对社会主义本质作出明确的概括。这表明，过去我们对社会主义的认识仅停留在对社会主义表面特征的认识上，是肤浅的、不全面的。

邓小平在总结社会主义实践经验的基础上，对社会主义本质所作的科学概括，丰富和发展了科学社会主义理论，把我们对社会主义的认识提高到一个新的科学水平。邓小平社会主义本质论从更深的层次上揭示了“什么是社会主义”的问题，把对社会主义的表面特征的认识深化到对社会主义的本质的认识，强调解放和发展生产力，消灭剥削，消除两极分化，最终达到共同富裕，这就进一步深化了对社会主义的认识。过去一段时期，我们曾脱离生产力发展水平和现实国情，单纯从生产关系上去认识社会主义，片面强调公有制、按劳分配，认为公有制和按劳分配的范围越大，程度越高，越有助于发展社会主义，甚至脱离实际条件，盲目扩大公有制的范围，提高公有制的程度，使社会主义建设走了弯路。这一理论把手段和目的统一起来，把生产力与生产关系统一起来，廓清了不合时代进步和社会发展规律的模糊观念，使我们“摆脱长期以来拘泥于具体模式而忽略社会主义本质的错误倾向”[1]，实现了社会主义从“以阶级斗争为纲”向“以经济建设为中心”的转变，进一步明确了建设社会主义的根本任务和根本目的，为科学社会主义理论宝库增添了新的内容。

2．社会主义本质理论对于建设中国特色社会主义具有重要的实践意义

社会主义本质理论把搞清楚“什么是社会主义”与搞清楚“怎样建设社会主义”紧密地结合起来，揭示了实现社会主义本质与建设社会主义道路之间的内在逻辑关系，为我们从更高层次上认识社会主义，为开辟中国特色社会主义建设道路奠定了重要的理论基础。社会主义本质理论为我们坚持党的基本路线提供了理论指导。社会主义本质理论提出，社会主义的根本任务是解放生产力、发展生产力，这为我们坚持以经济建设为中心，并通过改革开放促进经济建设发展提供了理论依据。同时，社会主义本质理论又揭示了社会主义的发展目标是消灭剥削、消除两极分化，实现共同富裕，这决定了我们必须坚持四项基本原则，以保证我国经济建设和改革开放的社会主义方向。总的来说，社会主义本质理论为我们坚持党的基本路线指明了方向。

3．社会主义本质理论对于坚持和完善中国特色社会主义具有重要的方法论意义

社会主义本质理论将社会主义看作一个发展过程，社会主义本质的实现是一个长期的动态的过程。其中所蕴含的基本方法，为我们今天坚持和完善中国特色社会主义，特别是不断创新，深化社会主义改革提供了不竭动力和理论依据。当前我们既要坚持社会主义的根本和基本制度，如公有制为主体，按劳分配为主体，坚持人民代表大会制度，共产党领导的多党

①曾林：《邓小平社会主义本质论的政治意义、理论意义及实践意义》，《渝州大学学报（哲学社会科学版）》1996年第2期。

合作和政治协商制度，同时还要把握社会主义制度在不同发展阶段的差异性，从而探索社会主义制度在社会主义不同发展阶段的具体实现形式。例如我们既要坚持社会主义公有制的主体地位，这是社会主义的本质要求，同时我们又要看到，以公有制为主体的所有制结构，以及公有制的具体实现形式，要根据社会主义具体发展阶段的生产力的解放和发展的要求去确定，而不能脱离生产力的实际发展水平去盲目追求“一大二公三纯”，否则就会阻碍我国生产力的发展和人民生活水平的提高。

总之，在社会主义本质理论指引下，只要我们始终坚持“一个中心、两个基本点”的基本路线，坚持经济建设这个中心不动摇，并通过改革开放不断解放和发展生产力，努力提高人民生活水平，中国特色社会主义就会日益显现出强大的生命力和巨大优越性。

（三）社会主义改革开放理论

1. 改革是中国的第二次革命

关于改革的性质，邓小平明确指出：“改革是中国的第二次革命。”[①]中国共产党领导的第一次革命，是指新民主主义革命和社会主义改造，把中国由一个半殖民地半封建的旧中国变成了一个社会主义新中国。中国共产党领导的第二次革命，则是指改革，将把我国从经济文化落后的社会主义中国建设成为一个现代化的社会主义国家。

把改革称为第二次革命，首先是因为改革和革命的目的一样，都是解放和发展生产力。1985年，邓小平在谈到中国改革的性质时指出：“改革的性质同过去的革命一样，也是为了扫除发展社会生产力的障碍，使中国摆脱贫穷落后的状态。从这个意义上说，改革也可以叫革命

① 《邓小平文选》（第三卷），人民出版社，1993，第113页。

性的变革。”[①]在1992年南方谈话中，邓小平进一步强调：“革命是解放生产力，改革也是解放生产力。”[②]从解放生产力的意义上来说，改革也可以称作一场革命。其次，改革和革命一样，是一场全面而深刻的变革。革命是对旧的制度的根本改造，而改革同样是对旧体制的根本性变革，而不是对原有经济体制的细枝末节的修补，而且改革不仅要从根本上改变束缚我国生产力发展的经济体制，还要改革政治体制和其他体制，以实现中国的社会主义现代化。再次，改革和第一次革命有所不同，不是一个阶级推翻另一个阶级的革命，不是也不允许否定和抛弃我们建立起来的社会主义基本制度，它是社会主义制度的自我完善和发展。我们的改革要达到的“总的目的是要有利于巩固社会主义制度，有利于巩固党的领导，有利于在党的领导和社会主义制度下发展生产力”[③]。

2. *改革是决定中国命运的一招*

关于改革的必要性和重大意义，邓小平作了深入思考。主要观点有：首先，改革是为了发展生产力。社会主义社会的基本矛盾是生产力与生产关系、经济基础与上层建筑的矛盾，正是这些矛盾推动社会主义社会的发展。解决社会主义基本矛盾的途径就是改革。我们要通过改革从根本上改变束缚生产力发展的各方面体制，从而促进生产力发展。正如邓小平所指出的：“要发展生产力，经济体制改革是必由之路……”[④]其次，改革是实现社会主义现代化的必由之路。邓小平将改革开放与我国的现代化的目标联系起来，指出：“……如果现在再不实行改革，我们的现代化事业和社会主义事业就会被葬送。”[⑤]也就是说，不

①《邓小平文选》（第三卷），人民出版社，1993，第135页。
②《邓小平文选》（第三卷），人民出版社，1993，第370页。
③《邓小平文选》（第三卷），人民出版社，1993，第241页。
④《邓小平文选》（第三卷），人民出版社，1993，第138页。
⑤《邓小平文选》（第二卷），人民出版社，1994，第150页。

改革，我国的现代化事业就难以进行。

3. 对外开放是建设中国特色社会主义的一项基本国策

（1）中国的发展离不开世界

关于对外开放的必要性，邓小平明确提出中国的发展离不开世界。邓小平明确指出："对外开放具有重要意义，任何一个国家要发展，孤立起来，闭关自守是不可能的，不加强国际交往，不引进发达国家的先进经验、先进科学技术和资金，是不可能的。"[①]首先，邓小平从总结中国历史经验教训基础上提出对外开放思想。他深刻指出："总结历史经验，中国长期处于停滞和落后状态的一个重要原因是闭关自守。"[②]"如果从明朝中叶算起，到鸦片战争，有三百多年的闭关自守，如果从康熙算起，也有近二百年。长期闭关自守，把中国搞得贫穷落后，愚昧无知。"[③]历史经验表明，关起门来搞建设是不行的，把自己孤立于世界之外是不利的。只有坚持实行对外开放，再加上我们自己的艰苦奋斗、自力更生，才能跟上时代的潮流，追赶上当代世界的科技和经济发展的步伐。其次，邓小平从我国社会主义现代化建设的实际需要出发分析了对外开放的必要性。他指出："建设一个国家，不要把自己置于封闭状态和孤立地位。要重视广泛的国际交往，同什么人都可以打交道，在打交道的过程中趋利避害。用我们的话讲，叫对外开放。"[④]邓小平进一步指出："没有对外开放政策这一着，翻两番困难，翻两番之后再前进更困难。"[⑤]由此可见，中国不实行对外开放，就难以摆脱落后局面，难以实现现代化。

①《邓小平文选》（第三卷），人民出版社，1993，第117页。
②《邓小平文选》（第三卷），人民出版社，1993，第78页。
③《邓小平文选》（第三卷），人民出版社，1993，第90页。
④《邓小平文选》（第三卷），人民出版社，1993，第260页。
⑤《邓小平文选》（第三卷），人民出版社，1993，第90页。

（2）全方位的对外开放

邓小平在实践中确立了全方位的对外开放的政策措施。到20世纪90年代，我们已经形成全方位、多层次、宽领域的对外开放格局。全方位，就是指对世界所有国家的开放，不仅对发达国家开放，也对发展中国家开放。多层次，是指根据我国各地区的实际情况，实行经济特区、沿海开放城市、沿海经济开放区、沿边和沿江地区以及内陆省区等不同形式不同程度的开放。宽领域是指实行经济、科技、教育、文化等领域的开放。邓小平指出："社会主义要赢得与资本主义相比较的优势，就必须大胆吸收和借鉴人类社会创造的一切文明成果，吸收和借鉴当今世界各国包括资本主义发达国家的一切反映现代社会化生产规律的先进经营方式、管理方法。"①这就解决了长期困扰对外开放的重大是非问题，为扩大对外开放注入了活力。

（3）坚持对外开放与独立自主的统一

我们在对外开放中必须坚持独立自主、自力更生的方针。邓小平强调，照抄照搬别国经验、别国模式，从来不能成功，他指出："中国的事情要按照中国的情况来办，要依靠中国人自己的力量来办。独立自主，自力更生，无论过去、现在和将来，都是我们的立足点。""任何外国不要指望中国做他们的附庸，不要指望中国会吞下损害我国利益的苦果。"②

同时，对外开放必须坚持正确的方向，注意防范风险。我们对外开放，将自己融入经济全球化的潮流，存在各种风险，包括经济上的风险，也有政治和思想上的风险，但是只要我们坚持社会主义的根本制度，坚持抵制各种腐朽的东西，就能保证对外开放沿着正确的方向走。正如邓小平所指出的："实行对外开放政策，会有一部分资本主义的东

①《邓小平文选》（第三卷），人民出版社，1993，第373页。
②《邓小平文选》（第三卷），人民出版社，1993，第3页。

西进入。但是，社会主义的力量更大，而且会取得更大的发展。社会主义的比重将始终占优势。”[①]

邓小平改革开放理论具有重要的历史意义和现实意义。邓小平改革开放理论“开启了当代中国历史的新时期，促进了生产力大解放、大发展”；“推进了制度建设和创新，激发了全社会的创造活力”；“扩大了对外交往与合作，推动了发展方式的战略调整”；对于全面深化改革、扩大开放以及巩固和发展社会主义，也有着重要的现实指导意义。[②]

（四）社会主义市场经济理论

邓小平关于社会主义市场经济的理论，围绕着社会主义与市场经济的关系、计划与市场等重要问题，形成了诸多相互联系的重要思想和观点，为马克思主义理论宝库增添了崭新内容。其基本观点有：

1. 社会主义可以实行市场经济

长期以来，传统观念认为，市场经济是资本主义特有的经济形式，计划经济是社会主义的基本特征。邓小平突破传统的观念和模式，对社会主义与市场经济关系进行了深入的探索。1979年，邓小平指出：“说市场经济只存在于资本主义社会，只有资本主义的市场经济，这肯定是不正确的。社会主义为什么不可以搞市场经济，这个不能说是资本主义。”“社会主义也可以搞市场经济。”[③]1992年在南方谈话中，邓小平明确提出：“计划经济不等于社会主义，资本主义也有计划；市场经济不等于资本主

①中共中央文献研究室编《邓小平思想年谱（1975—1997）》，中央文献出版社，1998，第308页。

②林玲、郭芹、陈晓莉：《邓小平改革开放理论的历史回顾及其重要意义》，《党史文苑》2014年24期，第38页。

③《邓小平文选》（第二卷），人民出版社，1994，第236页。

义，社会主义也有市场。”[①]邓小平这一系列重要论断，从根本上解除了把计划经济和市场经济看作属于社会基本制度范畴的思想束缚。为我们党建立社会主义市场经济体制的改革目标奠定了理论基础。

2. 计划和市场要有机结合

邓小平认为，计划和市场对经济活动的调节各有优势和不足。两种手段的有机结合，可以更好地发挥计划和市场两者的优势，弥补不足。1985年10月，邓小平在会见美国高级企业家代表团、回答美国时代公司总编辑格隆瓦尔德的提问时指出：“多年的实践证明，在某种意义上说，只搞计划经济会束缚生产力的发展。把计划经济和市场经济结合起来，就更能解放生产力，加速经济发展。”[②]邓小平把发挥市场作用和发挥计划等宏观调控的作用都作为社会主义市场经济的基本要求，认为两者缺一不可。邓小平在强调市场机制的作用的同时，又强调宏观调控的作用，他指出：“中央要有权威”，“不能搞‘你有政策我有对策’”，“中央定了措施，各地各部门就要坚决执行，不但要迅速，而且要很有力”。[③]

邓小平的社会主义市场经济理论，实现了思想的解放，从根本上解除了把计划经济和市场经济看作属于社会主义和资本主义本质区别的思想束缚，为我们坚持和发展社会主义经济制度，为促进我国的经济发展和社会进步注入了强大而持久的活力。

邓小平理论除了上述主要内容外，还包括社会主义根本任务、社会主义现代化发展战略、社会主义民主政治建设、社会主义精神文明建设、统一战线、军队和国防建设、外交战略、祖国完全统一、党的建设等理论。

---

①《邓小平文选》（第三卷），人民出版社，1993，第373页。
②《邓小平文选》（第三卷），人民出版社，1993，第148—149页。
③《邓小平文选》（第三卷），人民出版社，1993，第277页。

三、邓小平理论开创了中国特色社会主义理论体系

邓小平理论作为中国特色社会主义理论体系的开篇之作，在中国特色社会主义理论体系中居于基础性地位。这已经在当前理论界形成共识，如肖贵清指出："邓小平理论奠定了中国特色社会主义理论体系形成的基础，构建了中国特色社会主义理论体系的主体内容和基本框架。"①阮晓莺认为："从理论结构看，邓小平理论为中国特色社会主义理论体系奠定了深厚的基础"，"从方法论看，邓小平理论为中国特色社会主义理论体系提供指导作用"，"从理论性质看，邓小平理论深刻揭示了中国特色社会主义理论体系的主题与内核"。②田克勤认为："邓小平理论在形成发展的背景条件、哲学基础、核心概念、逻辑前提和基本框架等方面都为中国特色社会主义理论体系提供了重要前提和基础。"③任水才提出："邓小平理论与中国特色社会主义理论体系之间的关系，从系统论的角度看，是子系统与总系统的关系；从理论的性质地位看，是原创与传承、创新的关系；从理论的结构体系看，是一脉相承的关系；从理论的发展趋势看，是与时俱进的关系。"④

概括起来，邓小平理论作为中国特色社会主义理论体系的开篇之作，其重要地位和作用表现在：

①肖贵清：《邓小平理论与中国特色社会主义理论体系的关系》，《社会主义研究》2008年第2期。

②阮晓莺：《论邓小平理论与中国特色社会主义理论体系的关系》，《马克思主义与现实》2009年第6期。

③田克勤：《论邓小平理论与中国特色社会主义理论体系的内在逻辑关系》，《思想理论教育》2014年第7期。

④任水才：《论邓小平理论与中国特色社会主义理论体系之关系》，《科学社会主义》2008年第3期。

1. 邓小平理论确立了建设中国特色社会主义的理论主题

中国特色社会主义理论体系的理论主题是建设中国特色社会主义。而这个理论主题是邓小平在改革开放之初就确立的。1982年，邓小平在党的十二大开幕词中强调："把马克思主义的普遍真理同我国的具体实际结合起来走自己的道路，建设有中国特色的社会主义，这就是我们总结长期历史经验得出的基本结论。"①这样，"建设中国特色社会主义"就成为我们党理论创新的主题，成为中国特色社会主义理论体系的理论主题，这在马克思主义中国化发展史上具有里程碑意义，是我们党对科学社会主义发展的开创性贡献。此后，邓小平始终围绕中国特色社会主义这一理论主题，提出了关于社会主义的许多重要的科学论断，第一次比较系统地初步回答了在中国这样的经济文化比较落后的国家如何建设社会主义、如何巩固和发展社会主义的一系列基本问题，用新的思想、观点丰富和发展了马克思主义。

以江泽民为核心的党中央创立"三个代表"重要思想，在邓小平理论的基础上，进一步回答了什么是社会主义、怎样建设社会主义的问题，创造性地回答了建设什么样的党，怎样建设党的问题，深化了对中国特色社会主义的认识。

新世纪新阶段，以胡锦涛为总书记的党中央提出了科学发展观，在邓小平理论和"三个代表"重要思想的基础上，用一系列新思想、新观点、新论断，进一步回答了什么是社会主义、怎样建设社会主义和建设什么样的党、怎样建设党的问题，创造性地回答了实现什么样的发展、怎样发展等问题，将中国特色社会主义的认识提高到新水平。

党的十八大以来，以习近平为核心的党中央提出的习近平新时代中

① 《邓小平文选》（第三卷），人民出版社，1993，第3页。

国特色社会主义思想，深刻回答了新时代坚持和发展中国特色社会主义的问题，为在新的时代条件下坚持和发展中国特色社会主义提供了科学的理论指导。

由此可见，改革开放以来党的创新理论，都是根据新的社会实践，围绕建设和发展中国特色社会主义这一理论主题展开的，是对这一问题的进一步展开和回答，是在邓小平理论的基础上对中国特色社会主义理论主题认识的进一步深化。

2. 邓小平理论确立了建设中国特色社会主义的根本标准

“三个有利于”的标准，是判断改革和各方面工作是非得失的标准，也是建设中国特色社会主义的根本标准。1992年，邓小平在南方谈话中提出了判断改革开放的是非得失的标准，明确提出：“要害是姓‘资’还是姓‘社’的问题。判断的标准，应该主要看是否有利于发展社会主义社会的生产力，是否有利于增强社会主义国家的综合国力，是否有利于提高人民的生活水平。”①

“三个有利于”标准的提出，将马克思主义的实践标准和价值标准在中国特色社会主义建设中具体化、明确化，并将实践标准与生产力标准和人民利益标准统一起来。首先，它将马克思主义的实践标准进一步具体化为生产力标准，提出判断的标准，“应该主要看是否有利于发展社会主义社会的生产力”，生产力是社会发展的根本决定力量。社会主义的根本任务是发展生产力，我们要以经济建设为中心，集中力量发展社会生产力。正如邓小平所说：“按照历史唯物主义的观点来讲，正确的政治领导的成果，归根结底要表现在社会生产力的发展上，人民物质文化生活的改善上。”②“社会主义经济政策对不对，归根到底要看生产

①《邓小平文选》（第三卷），人民出版社，1993，第372页。

②《邓小平文选》（第二卷），人民出版社，1994，第128页。

力是否发展，人民收入是否增加。这是压倒一切的标准。”[1]其次，它将马克思主义的价值标准具体化为人民利益标准。邓小平说，判断的标准，应该主要看“是否有利于提高人民的生活水平”。这就是说，我们党的理论、路线、方针、政策是否正确，归根到底要以是否符合广大人民的利益和要求来衡量。总的来说，“三个有利于”的标准将实践标准与生产力标准和人民利益标准统一起来。

这一标准的提出，进一步推进了改革开放和社会主义现代化建设，也推进了马克思主义中国化进程。根据这一根本标准，我们得以有效解决改革开放过程中所遇到的各种疑虑和困惑，进一步解放思想，改革开放和社会主义现代化建设也进入到一个新的阶段。与此同时，中国特色社会主义理论体系这一马克思主义中国化的成果也得到进一步发展。

3. 邓小平理论建构了中国特色社会主义理论体系的总体框架

中国特色社会主义理论体系从理论形态看，是包括邓小平理论、“三个代表”重要思想、科学发展观和习近平新时代中国特色社会主义思想等重大战略思想在内的科学理论体系。而邓小平理论第一次比较系统地回答了中国社会主义的发展道路、发展阶段、根本任务、外部条件、政治保证、战略步骤、党的领导和依靠力量以及祖国统一等一系列基本问题，构成了中国特色社会主义理论体系的总体框架。正如习近平指出的，“坚持和发展中国特色社会主义是一篇大文章，邓小平同志为它确定了基本思路和基本原则”[2]。

在社会主义发展道路问题上，邓小平强调只有社会主义才能救中国和发展中国，但是社会主义必须是符合中国实际的社会主义，我们要走自己的路，建设中国特色社会主义。在社会主义发展阶段问题上，邓小

①《邓小平文选》（第二卷），人民出版社，1994，第314页。
②习近平：《习近平谈治国理政》（第一卷），外文出版社，2018，第23页。

平提出了我国还处在社会主义初级阶段的科学判断，我们要以这个国情为依据，不能脱离实际，超越阶段。在社会主义根本任务问题上，邓小平提出要把发展生产力摆在首要位置，以经济建设为中心，推动社会全面进步。在社会主义发展动力问题上，强调改革是一场革命，也是解放生产力，是中国现代化的必由之路。在社会主义建设的外部条件问题上，邓小平提出和平与发展是当今时代主题，我们必须实行对外开放。在社会主义现代化建设的政治保证问题上，强调坚持社会主义道路、坚持人民民主专政、坚持中国共产党的领导、坚持马克思列宁主义毛泽东思想的四项基本原则是立国之本。在社会主义建设的战略步骤上，提出分“三步走”基本实现现代化。在社会主义的领导力量和依靠力量问题上，提出中国共产党是社会主义事业的领导核心，全体社会主义劳动者、拥护社会主义的爱国者和拥护祖国统一的爱国者是社会主义事业的依靠力量。在祖国统一问题上，提出了一国两制的创造性构想。

以上这些基本理论观点，构成了中国特色社会主义理论体系最基本、最核心的内容和基本框架，为建设中国特色社会主义提供了根本的遵循。

4. 邓小平理论确立了中国特色社会主义理论体系的精髓

中国特色社会主义理论体系的精髓是实事求是。而这个精髓的确立，邓小平发挥了重要作用。实事求是是党的思想路线，是毛泽东在民主革命时期确立的。1978年12月，以邓小平为主要代表的党中央重新确立了实事求是的思想路线。邓小平强调，在改革开放的新时期，必须坚持这一正确的思想路线。“实事求是，是无产阶级世界观的基础，是马克思主义的思想基础。过去我们搞革命所取得的一切胜利，是靠实事求是；现在我们要实现四个现代化，同样要靠实事求是。”①邓小平根据新形势新情况，突

①《邓小平文选》（第二卷），人民出版社，1994，第143页。

出强调解放思想的重要性，进一步丰富和发展了党的思想路线，体现了党的思想路线的时代特征。他指出："一个党，一个国家，一个民族，如果一切从本本出发，思想僵化，迷信盛行，那它就不能前进，它的生机就停止了，就要亡党亡国。"[①]1992年，党的十四大报告指出，"解放思想，实事求是，是建设有中国特色社会主义理论的精髓"。正是在解放思想，实事求是的思想路线的指引下，以江泽民为主要代表的党中央在1992年党的十四大上明确提出我国经济体制改革的目标是建立社会主义市场经济体制。随着改革的进一步深入，社会主义初级阶段基本经济制度和公有制实现形式问题尖锐地摆在人们面前。1997年党的十五大对公有制经济的含义和主体地位的体现、公有制实现形式等问题作了新的论述，突破了传统的公有制理论，为推进所有制结构改革，推进国有企业发展提供了强大的思想动力。2000年，江泽民提出了"三个代表"重要思想，这是解放思想、实事求是的一个重大理论成果。进入新世纪新阶段，以胡锦涛为总书记的党中央面对我国发展面临的新课题新矛盾，提出科学发展观。党的十八大以来，以习近平为核心的党中央根据新时代我国社会主要矛盾的变化，提出了新时代中国特色社会主义现代化建设的总体布局和基本方略，为中国特色社会主义开辟了广阔的前景。总的来说，中国特色社会主义理论体系正是在实事求是思想路线的指引下，逐步形成和发展的，实事求是是中国特色社会主义理论体系的精髓，而邓小平理论为这一理论体系精髓的确立起到了开创作用。

5. 邓小平理论明确了中国特色社会主义理论体系的核心价值

中国特色社会主义理论体系的核心价值是坚持人民的利益高于一切。邓小平理论坚持维护群众利益，以人民拥护不拥护、赞成不赞成、高兴不

---

①《邓小平文选》（第二卷），人民出版社，1994，第143页。

高兴、满意不满意、答应不答应作为党的一切方针政策的出发点和归宿。早在1962年关于“包产到户”的争论中，他就指出：“生产关系究竟以什么形式为最好，恐怕要采取这样一种态度，就是哪种形式在哪个地方能够比较容易比较快地恢复和发展农业生产，就采取哪种形式；群众愿意采取哪种形式，就应该采取哪种形式，不合法的使它合法起来。”[①]后来所形成的“三个有利于”标准也具体体现为生产力标准和群众利益标准的统一。“三个代表”重要思想明确指出，不断发展先进生产力和先进文化，归根到底是要实现最广大人民的根本利益。科学发展观的核心立场是以人为本，就是以最广大人民的根本利益为本。胡锦涛指出：“我们提出以人为本的根本含义，就是坚持全心全意为人民服务，立党为公、执政为民，始终把最广大人民的根本利益作为党和国家工作的根本出发点和落脚点，坚持尊重社会发展规律与尊重人民历史主体地位的一致性，坚持为崇高理想奋斗与为最广大人民谋利益的一致性，坚持完成党的各项工作与实现人民利益的一致性，坚持发展为了人民、发展依靠人民、发展成果由人民共享。”[②]习近平进一步指出：“人民对美好生活的向往，就是我们的奋斗目标。”共产党人的责任就是“团结带领全党全国各族人民，继续解放思想，坚持改革开放，不断解放和发展社会生产力，努力解决群众的生产生活困难，坚定不移走共同富裕的道路”[③]。

①《邓小平文选》（第一卷），人民出版社，1994，第323页。

②中共中央文献研究室编《十七大以来重要文献选编》（上），中央文献出版社，2009，第107页。

③中共中央文献研究室编《十八大以来重要文献选编》（上），中央文献出版社，2014，第70页。

第四章
中国特色社会主义理论体系的第二大理论成果——“三个代表”重要思想

“三个代表”重要思想是中国特色社会主义理论体系的第二大理论成果，是发展中国特色社会主义的重要指导思想。党的十三届四中全会以来，以江泽民为主要代表的中国共产党人，高举邓小平理论伟大旗帜，准确把握时代特征，科学判断我们党所处的历史方位，围绕建设中国特色社会主义这个主题，集中全党智慧，以马克思主义的巨大勇气进行理论创新，逐步形成了“三个代表”重要思想这一系统的科学理论，丰富了中国特色社会主义理论体系。

一、“三个代表”重要思想的形成

“三个代表”重要思想是继毛泽东思想、邓小平理论之后马克思主义中国化的又一理论成果，是中国特色社会主义理论体系承前启后的重要组成部分。“三个代表”重要思想是以江泽民为主要代表的中国共产党人集体智慧的结晶。它创造性地回答了“建设一个什么样的党、怎样建设党”的重大问题，进一步回答了“什么是社会主义、怎样建设社会主义”的重大问题，反映了当代世界和中国的发展变化对党和国家工作的新要求，是加强和改进党的建设、推进我国社会主义自我完善和发展的强大理论武器。

（一）“三个代表”重要思想提出的背景和条件

20世纪80年代末90年代初，国内发生严重政治风波，国际上苏东剧变，世界社会主义出现严重曲折，我国社会主义事业的发展面临空前巨大的困难和压力，我们党和国家处在决定前途命运的重大历史关头。以江泽民为主要代表的中国共产党人，科学判断形势，全面把握大局，进行艰辛探索，从容应对困难和风险，全面推进社会主义现代化建设，开创了中国特色社会主义事业新局面。

第一，“三个代表”重要思想是在冷战结束后对国际局势科学判断基础上形成的。

冷战结束后，国际局势发生了深刻的变化。一方面，在和平与发展成为时代主题的当今世界，科技进步日新月异，经济全球化发展加快，文化交流和融合日益紧密，综合国力的竞争日趋激烈，世界格局呈现多极化趋势。另一方面，随着苏东剧变，世界社会主义出现严重曲折，资本主义意识形态不断向社会主义国家渗透；霸权主义和强权政治又有新的表现，恐怖主义危害上升。一些地区的冲突和争端时起时伏，世界还很不安宁。面对当今世界各个领域的重大变化，作为发展中国家的我国，如何才能迎头赶上时代潮流，在日益激烈的国际竞争中始终立于不败之地？如何发展科学技术，又如何利用科技革命创造的良好机遇，抢占新兴产业的制高点，加速我国经济结构、产业结构和产品结构的换代升级和调整，实现社会生产力的跨越式发展？这些都是中国共产党这样一个领导着近13亿人口的社会主义大国的执政党所必须正确回应和解决的重大问题。我们能否抓住机遇、经受住挑战，归根到底取决于党的执政能力和领导水平。正如江泽民所说："时代在发展，形势在变化，我们党要不断巩固自己的执政地位，必须紧跟世界发展进步的潮流，始终代表先进生产力的发展要求、先进文化的前进方向和最广大人民的根本利益，坚决解决党内存在的突出问题。提出坚持'三个代表'的要求，其出发点和着眼点就在这里。"①

第二，"三个代表"重要思想是在建设中国特色社会主义伟大实践的基础上形成的。

我国在胜利实现现代化建设"三步走"战略的前两步目标以后，进入了全面建设小康社会、加快推进社会主义现代化的新阶段。一方面，我国生产力水平大幅度跃升，综合国力显著增强，国际地位进一步提高，社会主义市场经济体制初步建立，政治稳定、民族团结、社会进步，人民生活总体上达到小康水平；另一方面，改革进入攻坚阶段，发展处于关键时期，我国社会主义事业的发展面临新的巨大困难和压力。伴随着改革开放和发展社会主义市场经济的进程，我国社会生活发生了广泛而深刻的变化，社会经济成分、组织形式、利益分配和就业方式等的多样化进一步发展，原有的社会阶层发生了极大变化，除了工人、农民、知识分子、干部等社会阶层外，还出现了一些新的社会阶层。此外，我国在经历了长时期的经济增长后，也面临着国际经济衰退、国内经济结构需要调整、部分国有企业存在较大困难、人口与资源环境关系紧张、发展经济与保持环境生态的矛盾日益突出等重重压力。在这样的情况下，党如何正确处理社会主义现代化建设中的若干重大关系，如何完善社会主义市场经济体制，如何推进政治体制改革，如何解决经济发

①中共中央文献研究室编《江泽民论有中国特色社会主义》（专题摘编），中央文献出版社，2002，第579页。

展与资源、环境的矛盾，保持国民经济的可持续发展，这些都是摆在中国共产党面前的必须研究解决的紧迫而重大的问题。“三个代表”重要思想就是在应对中国特色社会主义实践中出现的各种实际问题中形成和发展起来的。

第三，“三个代表”重要思想是在科学分析党的历史方位基础上提出来的。

江泽民在十六大报告中指出：“‘三个代表’重要思想，是在科学判断党的历史方位的基础上提出来的。”①我们党历经革命、建设和改革，已经从领导人民为夺取全国政权而奋斗的党，成为领导人民掌握全国政权并长期执政的党；已经从受到外部封锁和实行计划经济条件下领导国家建设的党，成为对外开放和发展社会主义市场经济条件下领导国家建设的党。经过几十年的发展，我们的党员队伍，党所处的地位和环境，党所肩负的任务，都发生了重大变化，这给党的发展带来了新活力，也提出了新挑战。一方面，党员队伍空前发展壮大，党员的文化程度和科学文化素质大大提高。党员的队伍构成发生了较大变化，过去工农成分的党员占了党员队伍的绝大多数，现在，一些非工农职业的劳动者、企业管理人员甚至一些以资本要素参与分配的人开始加入党组织，这些为我们如何保证党员的质量和保持党的性质，提出了新的课题。另一方面，党的干部队伍进入整体性交接的关键时刻，一大批年轻干部走上了各级领导岗位。尽管党的干部队伍总体是好的，但在一些党员和干部中，还存在着不同程度的思想僵化、信念动摇、道德滑坡、组织涣散和腐败现象。如何在新的国内外环境中，使党保持先进性和纯洁性，充满创造力、凝聚力和战斗力，始终走在时代前列，在应对国内外各种风

①江泽民：《全面建设小康社会　开创中国特色社会主义事业新局面——在中国共产党第十六次全国代表大会上的报告》，人民出版社，2002，第11页。

险考验的历史进程中始终成为全国人民的主心骨，在建设中国特色社会主义的历史进程中始终成为坚强的领导核心，这成为加强党的建设必须进一步解决好的重大课题。

第四，“三个代表”重要思想是在总结党的历史经验基础上提出来的。

在我们党几十年的奋斗历程中，团结和带领全国各族人民，完成了新民主主义革命任务，实现了民族独立和人民解放；建立了社会主义制度，实现了中国历史上最广泛最深刻的社会变革；开创了中国特色社会主义事业，走上了实现中华民族伟大复兴的正确道路。

1921年中国共产党成立。中国共产党从诞生之时起，就高举反帝、反封建的大旗，锋芒直指束缚中国先进生产力和先进文化发展的桎梏，代表中国最广大人民特别是工农群众和先进知识分子的愿望和利益，从而得以动员和组织起强大的革命力量，经过艰苦奋战，夺取了新民主主义革命的胜利，建立了新中国，在世界的东方谱写了辉煌壮丽的诗篇。

新中国成立后，党从中国的实际出发，顺应中国人民强烈要求发展社会生产力的愿望，领导人民完成了新民主主义向社会主义的过渡，确立了社会主义制度，实现了中国历史上最广泛最深刻的社会变革。随后我们党领导人民开展了大规模的经济、政治、文化建设，解放了社会生产力，发展了社会主义文化，提高了人民群众的物质文化生活水平，为中华民族的伟大复兴奠定了坚实的基础。

党的十一届三中全会以来，我们党总结新中国成立以来正反两方面的经验，坚持以马克思列宁主义为指导，毫不动摇地坚持党的基本路线，坚持以经济建设为中心，坚持四项基本原则，坚持改革开放，高度重视中国特色社会主义民主政治建设，高度重视以马克思主义为指导的社会主义精神文明建设，努力满足人民群众的需要，取得了伟大成就，把中国特色社会主义事业推向了一个崭新的阶段。

总结我们党的历史，可以得出一个重要的结论：我们党所以能够赢得人民的拥护，是因为我们党作为中国工人阶级的先锋队和中国人民、中华民族的先锋队，在革命、建设、改革的各个历史时期，总是代表中国先进生产力的发展要求，代表中国先进文化的前进方向，代表中国最广大人民的根本利益，并通过制定正确的路线方针政策，为实现国家和人民的根本利益而不懈奋斗。在历史发展过程中，党也有过失误，但党依照“三个代表”要求自己、衡量自己，不断获得新的生机和活力。从正反两方面可以说明，“三个代表”重要思想正是立足于党的历史、总结党的历史经验得出的重要结论。

（二）“三个代表”重要思想形成的过程

党的十三届四中全会以来，面对在实行改革开放和发展社会主义市场经济的条件下，“建设什么样的党、怎样建设党”这个关系到党和国家的前途命运的重大问题，以江泽民为核心的党的第三代中央领导集体，进行了艰苦的理论探索和实践创新。

“三个代表”重要思想的历史形成过程，大致可以分成四个阶段。

第一阶段：从党的十三届四中全会到党的十四大召开前，是“三个代表”重要思想开始萌芽的阶段。

以邓小平为核心的党的第二代中央领导集体向以江泽民为核心的第三代中央领导集体作了重要政治交代。1989年6月16日，邓小平在《第三代领导集体的当务之急》中，语重心长地提出：“常委会的同志要聚精会神地抓党的建设。”江泽民对这一重要的政治交代，结合当时复杂的国内外形势，进行了深思，并在有关讲话中阐明了党的建设的一些基本理论问题。1989年6月，党的十三届四中全会提出了大力加强党的建设，坚决惩治腐败的要求。1989年8月，中共中央发出了《关于加强党的建设的通知》，要求全党“充分认识加强党的建设的重要性和紧迫性”①。1989年9月，在新中国成立40周年纪念大会上，江泽民在讲话中特别强调要加强党的建设。1989年12月29日，江泽民在中共中央宣传部、中共中央政策研究室、中共中央组织部、中共中央党校联合举办的党建理论研究班上作了《为把党建设成更加坚强的工人阶级先锋队而斗争》的讲话。在论及“必须坚持党的工人阶级先锋队性质”时指出：中国共产党人之所以要坚持党的性质不变，是因为工人阶级能够“代表先进生产力和生产关系，代表全体人民的根本利益”。由上述分析可见，从党的十三届四中全会到20世纪90年代初，江泽民聚精会神地抓党的建设，在党建理论上有重要建树，在党建实践上有突出贡献。

第二阶段：从党的十四大召开到2000年1月，是“三个代表”重要思想初步形成阶段。

1992年10月党的十四大系统阐述了加强党的建设和改善党的领导问题，报告指出：“在新的历史时期，党所处的环境和肩负的任务有了很大变化，党的思想、政治、组织、作风建设都面临许多新情况和新问题。我们一定要结合新的实际，遵循党的基本路线，坚持党要管党和从严治党，加强和改进党的建设，努力提高党的执政水平和领导水平，使我们这个久经考验的马克思主义的党，在建设有中国特色社会主义的伟大事业中更好地发挥领导核心作用。”②1994年党的十四届四中全会专门研究了新形势下党的建设，通过了《中共中央关于加强党的建设几个重大问题的决定》，指出：“党必须善于在改革开放的新形势下认识自己、加强自己、提高自己，认真研究和解决在自身建设中出现的新

①中共中央文献研究室编《十三大以来重要文献选编》（中），人民出版社，1991，第588页。

②中共中央文献研究室编《十四大以来重要文献选编》（上），人民出版社，1996，第38—39页。

矛盾新问题。""在当代世界风云变幻的条件下，在当代中国改革开放和现代化建设的伟大变革中，把党建设成为用建设有中国特色社会主义理论武装起来、全心全意为人民服务、思想上政治上组织上完全巩固、能够经受住各种风险、始终走在时代前列的马克思主义政党。""这是以邓小平同志为核心的第二代中央领导集体开创的、以江泽民同志为核心的第三代中央领导集体正在领导全党继续进行的新的伟大的工程。"①1997年，江泽民在党的十五大中提出了具有鲜明时代特征和深刻内涵的党建命题——"面向新世纪的中国共产党"，他指出："面向新世纪，党中央领导全党正在继续推进这个新的伟大工程，就是要把党建设成为用邓小平理论武装起来、全心全意为人民服务、思想上政治上组织上完全巩固、能够经受住各种风险、始终走在时代前列、领导全国人民建设有中国特色社会主义的马克思主义政党。"他要求全党按照这一总目标，全面加强党的建设。"不断提高领导水平和执政水平，不断增强拒腐防变的能力，以新的面貌和更强大的战斗力，带领人民完成新的历史任务。"②

由此可见，江泽民在这一时期对"三个代表"的思想的阐述更加集中。特别是他在中共十四大、十五大报告中，在对邓小平理论的阐述、概括过程中，"三个代表"思想的表述已跃然纸上。这个时期，江泽民为了思考加强和改进党的建设问题，作了长期的、大量的调研工作。通过调研，江泽民深切地感到：当今世界和我们所处的时代，发生了巨大而深刻的变化。无论从国际还是从国内看，我们都面临着许多新情况新问题。党和国家要应对挑战、继续前进，必须解放思想、开拓创新。如

①中共中央文献研究室编《改革开放三十年重要文献选编》（上），中央文献出版社，2008，第780页。

②中共中央文献研究室编《十五大以来重要文献选编》（上），人民出版社，2000，第46页。

果僵化半僵化、因循守旧，国家就会落伍，党就有丧失先进性和领导资格的危险。这个时期，“三个代表”的要求已经提出，尽管还没有理论上的明确表述，但“三个代表”重要思想已经初步形成。

第三阶段：从2000年2月到2001年6月，是“三个代表”重要思想最终形成阶段。

“三个代表”重要思想，最早是2000年2月25日，江泽民在广东省考察工作时提出来的。他指出：“我们党所以赢得人民的拥护，是因为我们党在革命、建设、改革的各个历史时期，总是代表着中国先进生产力的发展要求，代表着中国先进文化的前进方向，代表着中国最广大人民的根本利益，并通过制定正确的路线方针政策，为实现国家和人民的根本利益而不懈奋斗。”① 这是江泽民首次提出“三个代表”的重要思想。2000年5月，他在江苏、浙江、上海等省市召开的党建工作座谈会上，对“三个代表”的重要意义作了精辟的阐述，强调“始终做到‘三个代表’，是我们党的立党之本、执政之基、力量之源”②。2000年6月9日，江泽民在全国党校工作会议上第一次指出，“三个代表”重要思想所要回答和解决的正是“建设什么样的党、怎样建设党”的重大问题。2000年6月28日，江泽民在中央思想政治工作会议上，提出了如何认识社会主义发展的历史进程，如何认识资本主义发展的历史进程，如何认识我国社会主义改革实践过程对人们思想的影响，如何认识当今的国际环境和国际政治斗争带来的影响。这“四个如何认识”实际上深刻揭示了“三个代表”重要思想产生的历史起点和逻辑起点，反映了“三个代表”重要思想提出的时代背景和发展的现实依据。

党的十五届五中全会上，江泽民就“改进党的作风”发表重要讲

①《江泽民文选》（第三卷），人民出版社，2006，第2页。
②《江泽民文选》（第三卷），人民出版社，2006，第15页。

话，郑重地告诫全党：“历史和现实都表明，一个政权也好，一个政党也好，其前途命运最终取决于人心向背，不能赢得最广大人民的支持，就必然垮台。”[①]因此，务必要使全党同志深刻认识和全面、正确地把握“三个代表”的要求，以“三个代表”作为检验我们各项工作是否合格的根本标准。“按照‘三个代表’要求全面加强党的建设，根本目的就在于保证我们党能够始终保持同人民群众的血肉联系。”[②]

第四阶段：从2001年“七一”讲话至2002年十六大，是“三个代表”重要思想继续发展阶段。

2001年7月1日，在庆祝中国共产党成立80周年大会上，江泽民全面阐述了“三个代表”重要思想的科学内涵，提出了按照“三个代表”要求加强和改进党的建设、始终保持党的先进性的历史任务。2002年11月，江泽民在党的十六大报告中进一步阐述了“三个代表”重要思想的时代背景、历史地位、精神实质和指导意义，阐明贯彻“三个代表”重要思想的根本要求，提出要把“三个代表”重要思想贯彻到社会主义现代化建设的各个领域，体现在党的建设的各个方面。他强调，贯彻“三个代表”重要思想，关键在坚持与时俱进，核心在坚持党的先进性，本质在坚持执政为民。党的十六大高度评价了“三个代表”重要思想的历史地位和重要意义，把“三个代表”重要思想同马克思列宁主义、毛泽东思想、邓小平理论一道确立为党必须长期坚持的指导思想，并写进了党章。

至此，“三个代表”重要思想就从最初提出时的一个重要观点，逐渐发展成为一个内涵丰富、寓意深刻、思想全面的理论体系；从指导中国共产党自身建设的一个重要纲领，发展成为不仅指导党的工作而且指

①《江泽民文选》（第三卷），人民出版社，2006，第129页。
②《江泽民文选》（第三卷），人民出版社，2006，第187页。

导整个国家工作、指导中国特色社会主义事业的理论体系。

二、"三个代表"重要思想的科学体系

"中国共产党必须始终代表中国先进生产力的发展要求，代表中国先进文化的前进方向，代表中国最广大人民的根本利益。"这是对"三个代表"重要思想的集中概括。

始终代表中国先进生产力的发展要求，就是党的理论、路线、纲领、方针、政策和各项工作，必须努力符合生产力发展的规律，体现不断推动社会生产力的解放和发展的要求，尤其要体现推动先进生产力发展的要求，通过发展生产力不断提高人民群众的生活水平。

始终代表中国先进文化的前进方向，就是党的理论、路线、纲领、方针、政策和各项工作，必须努力体现面向现代化、面向世界、面向未来的，民族的科学的大众的社会主义文化的发展要求，促进全民族思想道德素质和科学文化素质的不断提高，为我国经济发展和社会进步提供精神动力和智力支持。

始终代表中国最广大人民的根本利益，就是党的理论、路线、纲领、方针、政策和各项工作，必须坚持把人民的根本利益作为出发点和归宿，充分发挥人民群众的积极性、主动性、创造性，在社会不断发展进步的基础上，使人民群众不断获得切实的经济、政治、文化利益。

"三个代表"是统一的整体，相互联系、相互促进。发展先进生产力，是发展先进文化和实现最广大人民根本利益的基础条件；发展先进文化，是发展先进生产力和实现最广大人民根本利益的重要思想保证；发展先进生产力和先进文化，归根到底都是为了实现最广大人民的根本

利益，而人民群众则是创造先进生产力和先进文化的主体，也是实现自身利益的根本力量。

“三个代表”重要思想，在邓小平理论的基础上，进一步回答了什么是社会主义、怎样建设社会主义的问题，创造性地回答了建设什么样的党、怎样建设党的问题，深化了对中国特色社会主义的认识。“三个代表”重要思想，在改革发展稳定、内政外交国防、治党治国治军等各个方面，提出了一系列紧密联系、相互贯通的新思想、新观点、新论断，构成了一个系统的科学体系。其主要内容有：

（一）推进党的建设新的伟大工程

从党的十三届四中全会到党的十六大的13年间，江泽民带领全党聚精会神、坚持不懈抓党建，围绕在长期执政、改革开放和社会主义市场经济条件下建设一个什么样的党和怎样建设党这个根本问题，进行了深入思考和积极探索，明确了推进党的建设新的伟大工程的任务和总目标；提出了加强党的执政能力建设和保持党的先进性的重要命题；创立了“三个代表”重要思想；探索了一系列加强党的建设的新思路和新举措；积累了宝贵经验，发展和丰富了党建理论，为全面推进党的建设新的伟大工作作出了重大贡献，积累了宝贵经验。

第一，确立新时期党的建设总目标，为推进党的建设新的伟大工程指明了前进方向。

江泽民高度重视“建设一个什么样的党”这个根本问题，科学确立了新时期党的建设总目标。刚担任党的总书记不久，他就明确提出：“一定要坚持把我们党建设成为马列主义、毛泽东思想武装的更加坚强的中国工人阶级的先锋队。这样的先锋队，必须在理论上更加成熟，思想上更加统一，政治上更加坚强，内部更加团结，同群众的关系更加亲密，是领导全国各族人民建设有中国特色的社会主义的坚强核心。”[①]他强调，这“应该作为我们现阶段加强党的建设必须遵循的根本指导思想和前进目标”[②]。这是江泽民对党的建设目标的第一次阐述。1993年6月，他根据发展社会主义市场经济的新情况，把党的建设总目标概括为三句话：“一是我们的党建工作，要紧紧抓住一个主题，就是把党建设成领导社会主义现代化建设的更加坚强的领导核心；二是要努力提高党的执政水平和领导水平；三是要进一步增强党组织自身的凝聚力、对广大群众的吸引力、在改革和建设中的战斗力。”[③]在此基础上，党的十四届四中全会提出：“把党建设成为用建设有中国特色社会主义理论武装起来、全心全意为人民服务、思想上政治上组织上完全巩固、能够经受住各种风险、始终走在时代前列的马克思主义政党。”[④]江泽民在全会上讲话时明确地把它称作“新时期党的建设的目标”，强调要朝着这一总目标加强党的自身建设。在党的十六大上，江泽民进一步丰富和发展了这一总目标，提出：“通过锲而不舍的努力，保证我们党始终是中国工人阶级的先锋队，同时是中国人民和中华民族的先锋队，始终是中国特色社会主义事业的领导核心，始终代表中国先进生产力的发展要求，代表中国先进文化的前进方向，代表中国最广大人民的根本利益。”[⑤]这“两个先锋队”“一个领导核心”“三个代表”，是对党的建设总目标的新概括，为新世纪新阶段推进党的建设新的伟大工程指明了前进方向。

第二，提出加强党的执政能力建设和保持党的先进性的命题，以一

①《江泽民文选》（第一卷），人民出版社，2006，第89页。
②《江泽民文选》（第一卷），人民出版社，2006，第89—90页。
③中共中央文献研究室编《十四大以来重要文献选编》（上），人民出版社，1996，第329页。
④《改革开放三十年重要文献选编》（下），人民出版社，2008，第1093页。
⑤《江泽民文选》（第三卷），人民出版社，2006，第569页。

系列新观点、新论断为确定党的建设新的伟大工程的主线夯实了理论根基。

执政能力建设是党执政后的一项根本建设。江泽民紧紧围绕提高领导水平和执政水平、提高拒腐防变和抵御风险的能力两大历史性课题，对加强和改进党的执政能力建设作了不懈探索。担任总书记不久，江泽民就强调指出：“我们必须强化执政意识，提高执政本领。”[①]在党的十四大上，他郑重提出要把“努力提高党的执政水平和领导水平”摆上党的建设的议程。从此，这一问题成为江泽民反复思考的一个重大课题。在党的十六大上，他向全党明确提出了加强党的执政能力建设的新要求，强调面对执政条件和社会环境的深刻变化，各级党委和领导干部必须不断提高“五个方面”的能力，即科学判断形势的能力、驾驭市场经济的能力、应对复杂局面的能力、依法执政的能力和总揽全局的能力。明确提出“加强执政能力建设”的命题并阐述其基本内涵，为此后党的十六届四中全会作出《关于加强党的执政能力建设的决定》和党的十七大把加强执政能力建设确定为全面推进党的建设新的伟大工程的主线，提供了直接理论基础。

与此同时，江泽民始终关注和思考着如何保持党的先进性的问题。党的十五大时，他根据新的时代特点，对共产党员保持先进性，提出了四条具体要求，这就是：“胸怀共产主义远大理想，带头执行党和国家现阶段的各项政策，勇于开拓，积极进取，不怕困难，不怕挫折；诚心诚意为人民谋利益，吃苦在前，享受在后，克己奉公，多作贡献；刻苦学习马克思主义理论，增强辨别是非的能力，掌握做好本职工作的知识和本领，努力创造一流的成绩；在危急的时刻挺身而出，维护国家和人

①《江泽民文选》（第一卷），人民出版社，2006，第92页。

民的利益，坚决同危害人民、危害社会、危害国家的行为作斗争。”[①]世纪之交，他反复强调：“‘三个代表’要求，是我们党保持先进性、始终成为建设有中国特色社会主义坚强领导核心的基本要求”；“贯彻‘三个代表’重要思想，关键在坚持与时俱进，核心在坚持党的先进性，本质在坚持执政为民”[②]。他鲜明地指出：“看一个政党是否先进，是不是工人阶级先锋队，主要应看它的理论和纲领是不是马克思主义的，是不是代表社会发展的正确方向，是不是代表最广大人民的根本利益。”判断人们政治上先进与落后，“主要应该看他们的思想政治状况和现实表现，看他们的财产是怎么得来的以及对财产怎么支配和使用，看他们以自己的劳动对建设有中国特色社会主义事业所作的贡献”[③]。这些新观点、新论断，为新世纪新阶段保持党的先进性开辟了广阔的理论空间，提供了科学的思想指南。

第三，深入探索全面加强党的建设的新办法、新途径，以一系列新思路、新举措把党的建设新的伟大工程成功推向21世纪。

重视从思想上、理论上建党，是我们党加强自身建设的一条成功经验。江泽民高度重视党的思想建设，他反复强调：“思想政治建设始终是党的建设的首要任务，是带动其他方面建设的根本性建设，必须抓紧抓实。”[④]他特别指出：“无论对党还是对党的干部来说，理论上成熟都是政治上成熟的基础。”

坚持抓基层，强基础，在扩大党的工作覆盖面的同时，构建党的基

①江泽民：《高举邓小平理论伟大旗帜　把建设有中国特色社会主义事业全面推向二十一世纪——在中国共产党第十五次全国代表大会上的报告》，人民出版社，1997，第55—56页。

②《江泽民文选》（第三卷），人民出版社，2006，第281，537页。

③《江泽民文选》（第三卷），人民出版社，2006，第285，287页。

④中共中央文献研究室编《江泽民论有中国特色社会主义》（专题摘编），中央文献出版社，2002，第587页。

层组织建设的新格局。党的基层组织是党的全部工作和战斗力的基础。江泽民反复强调，基础不牢，地动山摇。他要求各级党委一定要坚持不懈地抓基层组织建设，“一刻也不能放松”[①]。党中央始终把基层组织建设作为一项基础工程来抓，先后下发了加强农村、国有企业、街道社区、高校和非公有制经济组织党的建设的文件，整顿了处于软弱涣散状态的党支部，建立并实行了基层党建工作责任制和领导干部工作联系点制度。世纪之交，针对非公有制经济组织和社区党的建设工作明显滞后于形势发展要求的状况，江泽民明确提出，在非公有制企业开展党建工作和切实加强街道社区党的建设“要理直气壮”，提出“要做到凡是有党员的地方，就有党组织的教育管理；凡是有居民的地方，就有党组织服务群众的工作，就有党员在发挥作用”[②]。

开展“讲学习、讲政治、讲正气”教育，创造以整风精神进行党性党风教育的新途径。讲学习、讲政治、讲正气，是我们党的光荣传统。在革命、建设和改革的各个历史时期，以毛泽东为核心的党的第一代中央领导集体和以邓小平为核心的党的第二代中央领导集体始终倡导讲学习、讲政治、讲正气，并身体力行，为全党树立了光辉的典范。为了更好地推进改革开放和现代化建设，针对在发展社会主义市场经济条件下党的干部队伍中存在的忙于事务、忽视学习、不讲政治、正气不足等问题，1995年，江泽民向全党、特别是向党的各级领导干部提出了“讲学习、讲政治、讲正气”的要求。1999年和2000年，全党分期分批集中开展了“三讲”教育活动。江泽民对“三讲”教育工作高度重视，不仅给予及时有力的指导，还和其他常委以身作则，率先垂范，从1999年12月22日起，用五个半天的时间进行“三讲”，促进了全党“三讲”教育的

①《江泽民文选》（第三卷），人民出版社，2006，第18页。

②《江泽民文选》（第三卷），人民出版社，2006，第21—22页。

深入开展。这次“三讲”教育是以江泽民为核心的党中央为加强党的建设，特别是为加强领导班子建设、提高干部队伍素质、解决新形势下党性党风方面存在的突出问题而采取的一项重大举措。为探索一条不搞政治运动、妥善解决党内问题、提高干部素质的新路子创造和积累了重要经验。

建立健全反腐倡廉领导体制、工作格局，加大从源头上预防和惩治腐败的力度，初步探索出一条有效开展反腐倡廉的新路子。江泽民十分重视党风廉政建设和反腐败斗争。他反复强调：“反腐败斗争是关系党心民心、关系党和国家前途命运的严重政治斗争”①，“在整个改革开放过程中都要反对腐败，警钟长鸣”②。他指出，反腐倡廉必须坚持党要管党、从严治党，实行标本兼治、综合治理的方针。他要求各级纪检监察机关要结合新的实际，积极探索新的工作方式和方法，“要从标本兼治、更多地注重治标转向标本兼治、以治本为主的工作思路上来，注重从源头上预防和解决腐败问题”③。

（二）建立社会主义市场经济体制

在社会主义条件下发展市场经济，实现了改革开放新的历史性突破，打开了我国经济、政治和文化发展的崭新局面，是前无古人的伟大创举，是中国共产党人对马克思主义发展做出的历史性贡献，具有重要的意义。“在社会主义市场经济改革目标的确立、社会主义市场经济理论的形成过程中，中国共产党第三代领导核心江泽民做出了卓越的贡

①江泽民：《论党的建设》，中央文献出版社，2001，第236页。

②《江泽民文选》（第二卷），人民出版社，2006，第46页。

③中共中央文献研究室编《江泽民论有中国特色社会主义（专题摘编）》，中央文献出版社，2002，第440页。

献。”[①]

第一，确立社会主义市场经济体制的改革目标和基本框架。

社会主义市场经济体制改革目标的形成，启自邓小平，成在江泽民。1992年春，邓小平南方谈话，提出计划经济不等于社会主义，市场经济不等于资本主义，“计划和市场都是经济手段”[②]的著名论断。江泽民根据邓小平南方谈话精神，明确提出使用“社会主义市场经济体制”这个提法，深化了对社会主义市场经济的认识。党的十四大正式把建立社会主义市场经济体制确立为我国经济体制改革的目标。十四届三中全会通过的《关于建立社会主义市场经济体制若干问题的决定》，勾画了建立社会主义市场经济体制的蓝图和基本框架。到20世纪末，我国初步建立了社会主义市场经济体制。

建立社会主义市场经济体制，一是必须坚持和完善公有制为主体、多种所有制经济共同发展的社会主义基本经济制度。必须毫不动摇地巩固和发展公有制经济。必须毫不动摇地鼓励、支持和引导非公有制经济发展。个体、私营等各种形式的非公有制经济是社会主义市场经济的重要组成部分，对充分调动社会各方面的积极性、加快生产力发展具有重要作用。进一步探索公有制特别是国有制的多种有效实现形式，大力推进企业的体制、技术和管理创新，积极推行股份制，按照“产权清晰、权责明确、政企分开、管理科学”的要求，实行规范的公司制改革，完善法人治理结构，建立符合市场经济规律和我国国情的企业领导体制和管理制度。二是发挥市场机制和宏观调控的作用，这是社会主义市场经济体制的内在要求。要在更大程度上发挥市场在资源配置中的基础性作用，健全统一、开放、竞争、有序的现代市场体系，创造各类市场主体

①袁恩祯：《江泽民和社会主义市场经济理论》，《毛泽东邓小平理论研究》2011年第3期。
②《邓小平文选》（第三卷），人民出版社，1993，第373页。

平等使用生产要素的环境，促进商品和生产要素在全国市场自由流动。还要转变政府管理经济的职能，建立以间接手段为主的完善的宏观调控体系，保证国民经济的健康运行。三是理顺分配关系，调整和规范国家、企业和个人的分配关系。确立劳动、资本、技术和管理等生产要素按贡献参与分配的原则，完善按劳分配为主体、多种分配方式并存的分配制度。坚持效率优先、兼顾公平，既要提倡奉献精神，又要落实分配政策，既要反对平均主义，又要防止收入悬殊。初次分配注重效率，发挥市场的作用，鼓励一部分人通过诚实劳动、合法经营先富起来。再分配注重公平，加强政府对收入分配的调节职能，调节差距过大的收入。规范分配秩序，合理调节少数垄断性行业的过高收入，取缔非法收入。以共同富裕为目标，扩大中等收入者比重，提高低收入者收入水平。四是建立和完善社会保障体系，是建立社会主义市场经济体制的重要内容。要建立健全同经济发展水平相适应的社会保障体系，完善城镇职工基本养老保险制度和基本医疗保险制度，完善失业保险制度和城市居民最低生活保障制度，探索建立农村养老、医疗保险和最低生活保障制度。

第二，提出在社会主义市场经济概念中，"社会主义"是画龙点睛。社会主义市场经济是同社会主义基本制度结合在一起的，既可以发挥市场经济的长处，又可以发挥社会主义制度的优越性。江泽民强调，要坚持社会主义市场经济的根本方向，使市场在国家宏观调控下对资源配置起基础性作用。"我们搞的是社会主义市场经济，'社会主义'这几个字是不能没有的，这并非多余，并非画蛇添足，而恰恰相反，这是画龙点睛。所谓'点睛'，就是点明我们的市场经济的性质。"[①]西方市

---

①江泽民：《论社会主义市场经济》，中央文献出版社，2006，第203页。

场经济中符合社会化大生产，符合市场一般规律的东西，我们要积极学习和借鉴，这是市场经济的共同点。“但西方市场经济是在资本主义制度下搞的，我们的市场经济是在社会主义制度下搞的，这是不同点，而我们的创造性和特色也就体现在这里。”①

（三）全面建设小康社会

江泽民提出21世纪头二十年是全面建设小康社会的阶段，形成了“两个一百年”的奋斗目标，深化了邓小平关于分阶段、有步骤地实现现代化的战略思想，丰富了我们党关于社会主义初级阶段的理论，符合我国国情，符合人民愿望，有利于最广泛最充分地调动一切积极因素为实现中华民族的伟大复兴而奋斗。

全面建设小康社会的奋斗目标，是立足于我国的基本国情提出的。到20世纪末，我们已经胜利实现了现代化建设“三步走”战略的第一步、第二步目标，人民生活总体上达到小康水平。首先，国民经济持续增长，国家经济实力显著增强。1979—2000年，中国经济年均增长9.5%，为世界各国经济发展速度之最，按可比价格计算，2000年国内生产总值是1980年的6倍以上，超过原定20年翻两番的目标。其次，人民生活实现了历史性跨越。城乡恩格尔系数分别由改革开放初期的57.5%和67.7%下降到2000年的39.2%和49.1%。城乡贫困人口大幅度减少，2.5亿农村贫困人口中有85%以上已经脱贫，贫困人口占农村总人口的比重由30.7%降到3%。据国家统计局课题研究组对小康进程的综合评价，20世纪末在全国总体平均生活水平跨入小康社会的初级阶段有3/4的居民初步过上小康生活。这就是说，我国人民生活到20世纪末总体上已经实现了

①江泽民：《论社会主义市场经济》，中央文献出版社，2006，第203页。

温饱到小康的历史性跨越。

尽管我们总体达到了小康，但是，这个小康还是低水平的、不全面的、发展很不平衡的。第一，总体小康是低水平的小康。具体表现是2000年底，我国人均GDP只有800多美元，属于中下收入国家水平，刚刚进入小康社会的门槛。同时我国还有1/4的人口达不到小康水平。第二，总体小康是不全面的小康，主要是偏重于小康社会的经济方面。我国人均生产的物质产品和社会财富较少，劳动生产率较低，人均占有及能够用于扩大再生产和消费的物质产品较少。偏重于满足物质消费、生存性消费，而精神消费或文化消费，特别是发展性消费还得不到有效满足。第三，总体小康是发展很不平衡的小康。城市和农村之间、东部和中西部之间、收入水平不同的各个社会群体之间，经济发展和生活水平方面存在着比较大的差距。同时，在人民物质生活和精神生活的诸多方面，以及小康社会建设的各个领域、进展状况和达到的水平也是不平衡的。总之，我国城乡二元经济结构还没有改变，地区差距扩大的趋势尚未扭转，发展不平衡问题依然十分严峻，贫困人口还为数不少；人口总量继续增加，老龄人口比重上升，就业和社会保障压力增大；生态环境、自然资源和经济社会发展的矛盾日益突出；我们仍然面临发达国家在经济科技等方面占优势的压力；经济体制和其他方面的管理体制还不完善；民主法制建设和思想道德建设等方面还存在一些不容忽视的问题。巩固和提高达到的小康水平，还需要进行长时期的艰苦奋斗。

在20世纪90年代，江泽民就对全面建设小康社会、实现第三步战略目标进行了前瞻性的战略思考。他在党的十五大报告中初步勾画了实现第三步战略目标的蓝图，提出三个阶段性目标：21世纪第一个十年实现国民生产总值比2000年翻一番，使人民的小康生活更加宽裕，形成比较完善的社会主义市场经济体制；再经过十年的努力，到建党一百年时，使国民经济更加发展，各项制度更加完善；到21世纪中叶新中国成立一百年时，基本实现现代化，建成富强民主文明的社会主义国家。十五届五中全会进一步提出，从新世纪开始，我国将进入全面建设小康社会、加快推进社会主义现代化的新的发展阶段。这深化了邓小平关于分阶段、有步骤地实现现代化的战略思想，丰富了关于社会主义初级阶段的理论。

在党的十六大上，江泽民提出并分析了我们党和国家面临的新形势，明确提出新世纪头二十年是一个必须紧紧抓住并且可以大有作为的重要战略机遇期，并深刻阐述了全面建设小康社会的奋斗目标，提出要在21世纪头二十年，集中力量，全面建设惠及十几亿人口的更高水平的小康社会，使经济更加发展、民主更加健全、科教更加进步、文化更加繁荣、社会更加和谐、人民生活更加殷实。全面建设小康社会，是实现现代化建设第三步战略目标必经的承上启下的发展阶段，也是完善社会主义市场经济体制和扩大对外开放的关键阶段。这是一个既体现时代精神，又具有中国特色，既实事求是、切实可行，又鼓舞人心、催人奋进的目标。这是一个能够充分体现社会主义制度优越性的目标。

（四）社会主义政治文明建设

社会主义政治文明是一个创新概念，是江泽民在深刻总结我国建设中国特色社会主义的伟大实践的基础上提出来的，并把它与社会主义物质文明、精神文明并列为全面建设小康社会的三个完整目标，在此基础上，全面论述了建设社会主义政治文明的主要途径和思路，这些认识极大地丰富和发展了马克思主义的政治文明观，为推动社会主义政治文明建设的理论研究和实践工作作出了重要贡献。

1. 坚持社会主义物质文明、政治文明、精神文明协调发展

发展社会主义民主政治，建设社会主义政治文明，是社会主义现代化建设的重要目标，是我国改革开放和社会主义现代化建设发展的必然要求，是我们党领导人民坚持和发展人民民主长期实践的必然结论。在党的十六大报告中，江泽民把社会主义物质文明、政治文明、精神文明一起确立为社会主义现代化全面发展的三大基本目标，从而使中国特色社会主义的理论和实践进一步走向成熟和完善。“这是我们党对共产党执政规律、社会主义建设规律、人类社会发展规律认识的进一步深化，进一步深化了我们党对中国特色社会主义事业的规律性认识，对于全面建设小康社会、推进中华民族伟大复兴具有重大的理论和现实意义。”[①]

“三大文明”协调发展，是对共产党执政规律认识的深化。我们党的执政地位是历史的选择，是人民的选择。但执政党如何执好政，则是一个需要不断探讨的重大课题。我们党坚持与时俱进把发展作为执政兴国的第一要务，不仅重视经济发展、文化发展，而且提出要依法治国、依法执政，提出共产党执政就是领导和支持人民当家作主。把执政作为党领导人民全面建设社会主义物质文明、政治文明、精神文明的过程，作为全面实现人民利益的过程，从而紧紧把握了时代脉搏，顺应了历史潮流，反映了人民愿望。

“三大文明”协调发展，是对社会主义建设规律认识的深化。社会主义社会是全面发展的社会。我们党一贯注重经济、政治、文化等各方面的全面建设。毛泽东早在《新民主主义论》一文中，就提出了建设新民主主义的政治、经济、文化纲领。新中国的成立，建立了人民当家作主的新政权，开创了中国历史的新纪元，人民第一次成为国家、社会

①袁玲儿编《十三届四中全会以来马克思主义中国化的新发展及经验研究1989—2002》，浙江大学出版社，2011，第156页。

和自己命运的主人。社会主义公有制在经济领域的确立，马克思主义指导地位在思想文化领域的确立，奠定了社会主义经济、政治、文化协调发展的坚实基础。党的十一届三中全会以后，邓小平在总结社会主义建设经验教训的基础上，提出没有民主就没有社会主义，就没有社会主义的现代化，社会主义精神文明是社会主义社会的重要特征，要坚持两手抓、两手都要硬，进一步明确了社会主义社会全面发展的目标和方向。在此基础上，以江泽民为核心的党的第三代中央领导集体继往开来，与时俱进，开拓创新，党的十五大提出了社会主义初级阶段建设中国特色社会主义的经济、政治、文化纲领。党的十六大进一步把社会主义物质文明、政治文明、精神文明一起确立为社会主义社会全面发展的三大基本目标，表明我们党对社会主义建设规律的认识更加深化和成熟。

“三大文明”协调发展，是对人类社会发展规律认识的深化。文明是人类活动的产物，是人类的进步状态。文明的内容是丰富的，不仅包括物质、精神文明，也包括政治文明。恩格斯把阶级的分化、国家的产生作为文明的重要标志，认为国家是文明社会的概括。马克思曾经提出过政治文明的概念。历史唯物主义所揭示的经济基础与上层建筑关系的原理告诉我们，社会结构包括经济基础和与之相适应的政治、精神等上层建筑，即物质的、政治的、精神的三大部分，因而相应就有物质、政治、精神文明。人类社会的发展进步，往往是“三大文明”的发展进步，“三大文明”既是社会发展的标志，也是进一步发展的目标。党的十六大提出“三大文明”协调发展，符合辩证唯物主义和历史唯物主义基本原理，符合人类社会发展的普遍规律。

2. 建设社会主义政治文明的主要途径和思路

建设社会主义政治文明涉及政治思想、政治制度、行政管理、法制建设等方面，是一个系统工程，需要有领导、有步骤地全面加以推进。

对此江泽民的论述是全面的。

第一，坚持党的领导、人民当家作主和依法治国的有机统一。

十六大报告明确提出："发展社会主义民主政治，最根本的是要把坚持党的领导、人民当家作主和依法治国有机统一起来。"[①]这一重要论断，站在辩证唯物主义和历史唯物主义的高度，从党的领导、人民当家作主和依法治国三个方面的内在联系上，深刻揭示了社会主义政治文明建设的根本要求和基本规律，这表明我们已经初步确立了适合中国国情、具有鲜明时代特点的中国特色社会主义政治制度的基本框架。

党的领导、人民当家作主和依法治国是社会主义政治文明的三个有机组成部分，加强和改善党的领导、发展社会主义民主政治、建设社会主义法治国家是社会主义政治文明建设的三大战略目标。党的领导保证着政治文明建设的社会主义方向。人民当家作主是社会主义政治文明的核心内容。依法治国，建设社会主义法治国家是社会主义政治文明建设的法律保障。同时这三者之间又有着密不可分的联系。党的领导是人民当家作主和依法治国的根本保证，人民当家作主是社会主义政治文明的本质要求，依法治国是党领导人民治理国家的基本方略。如果把三者割裂开来对立起来，社会主义政治文明的内容就会残缺不全，社会主义政治文明建设就会因偏离其战略目标而出现偏差。发展社会主义政治，建设社会主义法治国家，都要在党的领导下逐步推进而绝不能削弱或抛开党的领导。另一方面，发展民主政治，建设法治国家，要求改革党的领导方式和执政方式，探索在民主选举和依法治国的新条件下党的领导的最有效实现方式。把党的领导、人民当家作主和依法治国有机统一起来是建设社会主义政治文明必须遵循的基本方针，也是我国社会主义政治

①江泽民：《全面建设小康社会　开创中国特色社会主义事业新局面——在中国共产党第十六次全国代表大会上的报告》，人民出版社，2002，第31页。

文明区别于资本主义政治文明的本质特征。

第二，注重制度建设，实现社会主义民主政治的制度化、规范化、程序化。

江泽民在十六大报告中指出：“要着重加强制度建设，实现社会主义民主政治的制度化、规范化和程序化。”[①]建设社会主义政治文明，不仅要从政治理论和政治原则上确认人民群众在民主政治生活中的主体地位，而且应当建立健全民主政治运行的实体制度、法律以及程序，以确保人民当家作主权利的实现。社会主义民主政治的制度化、规范化、程序化，是中国特色社会主义政治文明自我完善发展、走向成熟的标志。

第三，必须坚持社会主义方向。首先推进政治文明建设，最根本的是要坚持党的领导、人民当家作主和依法治国的有机统一。其次，推进政治文明建设，要坚持走中国特色的政治发展道路。十六大指出，中国共产党和中国人民对自己选择的政治发展道路充满信心，将坚定不移地把中国特色社会主义政治建设推向前进。这是一句含义十分深刻的话，就是说，建设社会主义政治文明必须从我国的国情出发，坚持走自己的路。我们党和人民选择的政治发展道路是党领导人民经过长期探索和实践而开辟出来的，是一条符合中国特色社会主义事业发展要求的政治发展道路，也是一条充分体现全国各族人民根本利益的政治发展道路，我们要始终不渝地走下去。再次，推进政治文明建设，要坚持和发展我国社会主义政治制度的特点和优势。比如通过扩大基层民主，推进整个社会民主，是符合中国国情、切实可行的社会主义政治文明建设途径。近年来，农村基层民主、城市社区居民自治和企业职工代表大会制度已经成为我国基层民主制度的广泛实践。

---

①江泽民：《全面建设小康社会　开创中国特色社会主义事业新局面——在中国共产党第十六次全国代表大会上的报告》，人民出版社，2002，第32页。

第四，既批判传统成果，又积极借鉴和吸收世界优秀文明成果。

建设社会主义政治文明必须正确处理继承和发展的关系，即立足于今天的社会主义实践，给批判地继承中华民族政治文明成果确立新的标准，吸取我党在建立和发展社会主义民主政治中的经验和教训，从新的现实政治生活出发，进行新的政治文明创造。任何类型的政治文明都是特殊性和普遍性的统一，因此政治文明是可以相互借鉴的。建设社会主义民主政治，发展社会主义政治文明，需要借鉴和吸收一切政治文明的精粹，尊重世界文明的多样性。“各国文明的多样性，是人类社会的基本特征，也是人类文明进步的动力。”[①]

（五）发展是党执政兴国的第一要务

江泽民在党的十六大报告中指出：“党要承担起推动中国社会进步的历史责任，必须始终紧紧抓住发展这个执政兴国的第一要务，把坚持党的先进性和发挥社会主义制度的优越性，落实到发展先进生产力、发展先进文化、实现最广大人民的根本利益上来，推动社会全面进步，促进人的全面发展。”这是中国共产党科学分析国际国内形势，总结我国和其他国家社会主义建设的历史经验，从巩固党的执政地位和我国社会主义制度的战略高度作出的一个重大判断。

“发展是党执政兴国的第一要务”的重要思想，把发展放在执政兴国的战略高度来认识，丰富了邓小平关于“发展才是硬道理”的思想，这一重要思想，“从执政党兴衰存亡的高度”，“从制度优劣、国家兴衰、民族复兴的高度”[②]，强调了发展的重要性。

①江泽民：《在庆祝中国共产党成立八十周年大会上的讲话》，人民出版社，2001，第48页。

②张爱芹：《从“发展是硬道理”到“发展是党执政兴国的第一要务”——兼论党的第三代领导集体对邓小平发展理论的坚持、发展与创新》，《中共山西省委党校学报》，2004年第2期。

“发展是党执政兴国的第一要务”的重要思想，是对邓小平发展理论的创新。这里所说的“发展”，是指社会的全面进步和人的全面发展。社会的全面进步与人的全面发展是互为前提、相互促进的发展过程。这就更为全面地概括了社会主义社会发展的内涵，对于我们加强党的建设，推进全面建成小康社会的伟大实践具有重要的理论意义和实践意义。

贯彻发展是党执政兴国的第一要务，要求我们必须以经济建设为中心，并在经济发展的基础上推进社会全面进步；要大力发展以马克思主义为指导的先进文化；还要不断实现好、维护好、发展好最广大人民的根本利益。

总之，“三个代表”重要思想是一个完整的科学体系，除了上述主要内容以外，还包括关于大力弘扬与时俱进的精神；社会主义初级阶段的基本纲领；正确处理改革、发展、稳定关系的思想；关于实行全方位对外开放战略的思想；关于建设社会主义法治国家的思想；关于依法治国和以德治国相结合的思想；建立巩固的国防、加强军队的革命化现代化正规化建设的思想；中国特色社会主义外交和国际战略；推进祖国完全统一，提出发展两岸关系八项主张的理论；关于巩固党的阶级基础和扩大党的群众基础的思想；等等。

三、推进中国特色社会主义事业的强大理论武器

“三个代表”重要思想，不仅创造性地回答了“建设什么样的党、怎样建设党”的历史课题，而且进一步回答了“什么是社会主义、怎样建设社会主义”这一重大的理论和现实问题，深化了对中国特色社会主义建设规律和党的执政规律的认识。

第一，“三个代表”重要思想深化了对中国特色社会主义的认识。

“三个代表”重要思想深刻总结了我国和其他国家社会主义建设的历史经验，深化了对中国特色社会主义的认识，是推进社会主义制度完善和发展的强大理论武器。

“三个代表”重要思想从深层次上揭示了社会主义本质和建设规律。“三个代表”重要思想从物质基础、文化支撑和社会基础方面揭示了社会主义自我完善和发展的途径。始终代表中国先进生产力的发展要求，体现了建设社会主义物质文明的价值目标；始终代表中国先进文化的前进方向，体现了建设社会主义精神文明的价值目标；始终代表最广大人民的根本利益，体现了党的宗旨和国家的性质。

“三个代表”重要思想在对中国特色社会主义认识上还取得了其他的独创性成果。一是对社会主义所有制和分配制度作了新的解释，提高和深化了我们党对社会主义基本经济制度的认识。明确提出公有制为主体、多种所有制经济共同发展是我国社会主义初级阶段必须长期坚持的一项基本制度；二是在事关党和国家工作全局的指导方针问题上，深刻论述了正确处理好改革、发展、稳定三者关系；三是在经济建设的发展方针问题上，提出“要走既有较快发展速度又有较高质量的发展路子”，作出实现经济体制和经济增长方式“两个转变”的战略决策；四是在现代化发展战略问题上，发展了邓小平小康社会思想和“三步走”战略，提出和规划了新世纪第三步战略目标的具体步骤等。这些都进一步深化了对中国特色社会主义建设规律的认识。

第二，“三个代表”重要思想深化了对党的建设规律的认识，“为解决‘建设什么样的党、怎样建设党’的根本问题提供了思想指导”[①]。

---

①孔祥云、冯务中：《论“三个代表”重要思想对中国特色社会主义理论体系主题的深化》，《思想理论教育导刊》2009年第1期。

“三个代表”重要思想在科学判断党的历史方位的基础上，对党的性质、宗旨和根本任务以及党的建设的总目标作出了新概括，从新的高度提出了不断改进党的领导方式和执政方式的新要求，并提出了党在新世纪新阶段的新任务和要求，提出了四个“必须”和四个“新”的要求。这就是：必须使全党始终保持与时俱进的精神状态，不断开拓马克思主义理论发展的新境界；必须把发展作为党执政兴国的第一要务，不断开创现代化建设的新局面；必须最广泛最充分地调动一切积极因素，不断为中华民族伟大复兴贡献新力量；必须以改革的精神推进党的建设，不断为党的肌体注入新活力。上述思想，表明我们党对共产党执政规律的认识提高到一个新水平。

第五章
中国特色社会主义理论体系的第三大理论成果——科学发展观

一、科学发展观的形成

科学发展观的形成和提出，经历了中国共产党人的长期实践探索和理论思索，是中国共产党执政理念的一次升华，是马克思主义中国化的理论结晶。科学发展观是我们党坚持以马克思列宁主义、毛泽东思想、邓小平理论和“三个代表”重要思想为指导，在准确把握世界发展趋势、认真总结我国发展经验、深入分析我国发展阶段性特征的基础上提出来的。

（一）科学发展观形成的条件

第一，科学发展观是在深刻分析国际形势、顺应世界发展趋势、借鉴国外发展经验的基础上形成和发展的。

科学发展观是在深刻分析国际形势基础上形成和发展起来的。进入新世纪，世界处在大发展大变革大调整之中。和平与发展仍然是时代主题，世界多极化不可逆转，经济全球化深入发展，科技革命加速推进，各国相互依存逐步加深。同时，国际环境中不稳定不确定因素增多，我国发展的外部条件复杂多变。这就要求我们科学审视中国和世界的发展问题，思考和制定中国的发展战略，善于从国际国内因素的发展变化和相互影响中把握发展全局。

科学发展观也是在借鉴国外发展经验的基础上形成和发展的。长期以来人类创造了前所未有的经济增长成就，但是，在传统的发展观念指导下，单纯追求经济增长，忽视环境保护和能源、资源节约，不重视社会发展和社会公平，导致一些国家经济结构失衡，社会发展滞后，能源资源日趋紧张，生态环境急剧恶化，以及社会两极分化、失业增加及政治动荡等问题，单纯追求经济增长并没有给广大人民带来更多的实惠，未能实现持续的增长和真正的发展。特别是国际金融危机的爆发，充分暴露了资本主义制度的固有矛盾，暴露了世界经济增长模式的弊端。经过对经验教训的总结和反思，要求突破传统发展观的呼声逐渐增强，推动强劲、可持续、平衡增长成为各国共同关注的重大问题。面临自然资源的衰竭，博特金等人指出发展要从以开发自然资源为主转变到以开发人的资源为主，人们应当看到“人类依然拥有没有束缚的想象力、创造力和道德能力等资源。这些资源可以被动员来帮助人类摆脱它的困境”；同外部自然资源的极限相反，人的“内部界限在我们自身中存在着并孕育着无可比拟的发展潜力”。[①] 联合国1986年的《发展权利宣言》强调：“发展是经济、社会、文化和政治的全面进程，其目的是在全体人民和所有个人积极、自由和有意义地参与发展及其带来的利益的公平分配的基础上，不断改善全体人民和所有个人的福利。”1987年世界环发委员会向联合国提供了一份题为《我们共同的未来》的报告，明确提出“可持续发展”理念，将其定义为“既满足当代人的需要，又不损害后代人满

①W. 博特金等：《回答未来的挑战》，上海人民出版社，1984，第5，8页。

足其需要的发展”。可持续发展寻求人口、资源、环境和社会彼此之间协调和良性循环的发展。1992 年在巴西里约热内卢召开的世界环境与发展大会，通过了《21 世纪议程》，100 多个与会国家的政府代表同意把可持续发展当作行动纲领。1995 年哥本哈根社会发展世界首脑会议通过的《哥本哈根社会发展问题宣言》和《哥本哈根社会发展问题世界首脑会议行动纲领》认定："社会发展的最终目标是改善和提高全体人民的生活质量"，并致力于"建立一个以人为中心的社会发展框架"。中国共产党提出科学发展观就是在汲取世界各国发展经验教训、借鉴国外发展理论有益成果、顺应 21 世纪人类发展要求的基础上提出来的。

第二，科学发展观是在深刻把握我国基本国情和新的阶段性特征的基础上形成和发展的。

经过新中国成立以来特别是改革开放以来的不懈努力，我国经济社会发展取得了举世瞩目的成就，但仍处于并将长期处于社会主义初级阶段的基本国情没有变。进入新世纪新阶段，我国进入发展关键期、改革攻坚期和矛盾凸显期，经济社会发展呈现一系列新的阶段性特征，主要表现为：第一，经济实力显著增强，同时生产力水平总体上还不高，自主创新能力还不强，长期形成的结构性矛盾和粗放型增长方式尚未根本改变；第二，社会主义市场经济体制初步建立，同时影响发展的体制机制障碍依然存在，改革攻坚面临深层次的矛盾和问题；第三，人民生活总体上达到小康水平，同时收入分配差距拉大趋势还未根本扭转，城乡贫困人口和低收入人口还有相当数量，统筹兼顾各方面利益难度加大；第四，协调发展取得显著成绩，同时农业基础薄弱、农村发展滞后的局面尚未改变，缩小城乡、区域发展差距和促进经济社会协调发展任务艰巨；第五，社会主义民主政治不断发展，依法治国基本方略扎实贯彻，同时民主法制建设与扩大人民民主和经济社会发展的要求还不完全适应，政治体制改革需要继续深化；第六，社会主义文化更加繁荣，同时人民精神文化需求日趋旺盛，人们思想活动的独立性、选择性、多变性、差异性明显增强，对发展社会主义先进文化提出了更高要求；第七，社会活力显著增强，同时社会结构、社会组织形式、社会利益格局发生深刻变化，社会建设和管理面临诸多新课题；第八，对外开放日益扩大，同时面临的国际竞争日趋激烈，发达国家在经济科技上占优势的压力长期存在，可以预见和难以预见的风险增多，对统筹国内发展和对外开放的要求更高。这些阶段性特征是社会主义初级阶段基本国情在新世纪新阶段的具体表现，反映了我国经济社会发展面临的新形势、新矛盾和新问题。解决好这些突出矛盾和问题，保持我国经济社会发展的良好势头，是对我们的重大考验。社会主义初级阶段基本国情和新的阶段性特征，是科学发展观形成的现实依据。

第三，科学发展观是在深入总结改革开放以来特别是党的十六大以来实践经验的基础上形成和发展的。

改革开放以来，我们党根据新的形势和任务不断深化改革，扩大开放，推动我国经济社会发展取得了新的成就，积累了丰富经验。这些经验集中体现为十七大概括的“十个结合”：一是把坚持马克思主义基本原理同推进马克思主义中国化结合起来；二是把坚持四项基本原则同坚持改革开放结合起来；三是把尊重人民首创精神同加强和改善党的领导结合起来；四是把坚持社会主义基本制度同发展市场经济结合起来；五是把推动经济基础变革同推动上层建筑改革结合起来；六是把发展社会生产力同提高全民族文明素质结合起来；七是把提高效率同促进社会公平结合起来；八是把坚持独立自主同参与经济全球化结合起来；九是把促进改革发展同保持社会稳定结合起来；十是把推进中国特色社会主义伟大事业同推进党的建设新的伟大工程结合起来。这是我们这个拥有十几亿人口的发展中大国摆脱贫困、加快实现现代化、巩固和发展社会主义的宝贵经验。还要看到，十六大以来，我们党领导人民，紧紧抓住和用好了我国发展的重要战略机遇期，在经济社会发展方面取得了新的成就。我们以加入世界贸易组织为契机，深化改革开放，加快发展步伐；成功应对国际金融危机的严重冲击，在全球率先实现经济平稳回升；战胜突如其来的非典疫情，成功举办北京奥运会、残奥会和上海世博会，夺取抗击汶川特大地震等严重自然灾害和灾后恢复重建的重大胜利，妥善处置一系列重大突发事件，奋力把中国特色社会主义推进到新的发展阶段。实践使我们党深刻认识到，推进社会主义现代化，必须始终坚持以经济建设为中心，紧紧抓住发展这个党执政兴国的第一要务，坚持用发展和改革的办法解决前进中的问题；必须以满足人民日益增长的物质文化需要为目的，不断改善人民生活，把实现好、维护好、发展好最广大人民的根本利益落实到经济社会发展的各个方面，让广大人民共享改革发展的成果；必须坚持物质文明和精神文明两手抓，高度重视政治建设和社会建设，促进经济社会全面进步和人的全面发展；必须坚定不移地推进各方面的改革，全面提高对外开放水平，促进各方面体制机制不断完善，为经济社会发展注入强大动力；必须正确处理改革发展稳定的关系，正确处理经济发展和社会发展的关系，妥善处理好城乡、地区发展差距和居民收入差距等问题；必须注重节约能源资源，保护生态环境，实现经济社会可持续发展。党带领人民战胜各种风险挑战、坚持和发展中国特色社会主义，是科学发展观形成的实践基础。

（二）科学发展观的形成过程

科学发展观是以胡锦涛为总书记的党中央，在新世纪新阶段全面建设小康社会的进程中，在新的历史起点上推进中国特色社会主义事业过程中形成和发展起来的。大体分为四个阶段：

第一，初步形成。2003年初，非典疫情的迅速蔓延，集中暴露出我国经济社会发展中存在的薄弱环节和突出问题。2003年7月，胡锦涛在全面总结抗击非典斗争经验时明确指出："我们要更好坚持全面发展、协调发展、可持续发展的发展观，更加自觉地坚持推动社会主义物质文明、政治文明、精神文明协调发展，坚持在经济社会发展的基础上促进人的全面发展，坚持促进人与自然的和谐。"①2003年10月，党的十六届三中全会通过的《中共中央关于完善社会主义市场经济体制若干问题的决定》指出："坚持以人为本，树立全面、协调、可持续的发展观，促进经济社会和人的全面发展。"② 胡锦涛在此次会议上明确指出："树立和落实全面发展、协调发展、可持续发展的科学发展观，对于我们更好坚持发展才是硬道理的战略思想具有重大意义。树立和落实科学发展观，这是二十多年改革开放实践的经验总结，是战胜非典疫情给我们的重要启示，也是推进全面建设小康社会的迫切要求。"③ 这是我们党的文件中第一次提出科学发展观。2004年3月，胡锦涛在中央人口资源环境座谈会上发表重要讲话，这是科学发展观形成过程中的一篇重要文献。这篇讲话围绕科学发展观阐述了四个方面的新内容。一是明确概括了科学发展观的主题，指出"科学发展观，是用来指导发展的，不能离开发展这个主题"④。二是初步阐述了科学发展观的重大意义，指出了其与党的指导思想既一脉相承又与时俱进的关系，强调科学发展观揭示的是经济社会发展的客

①《胡锦涛文选》（第二卷），人民出版社，2016，第67页。

②中共中央文献研究室编《十六大以来重要文献选编》（上），中央文献出版社，2005，第465页。

③《胡锦涛文选》（第二卷），人民出版社，2016，第104页。

④中共中央文献研究室编《十六大以来重要文献选编》（上），中央文献出版社，2005，第850—851页。

观规律。三是第一次对“以人为本”“全面发展”“协调发展”“可持续发展”的深刻内涵和基本要求，作出了明确阐释和科学界定，使科学发展观具有了较为完备的理论形态。四是明确把科学发展观作为检验各项工作的标准，要求“凡是符合科学发展观的事情就全力以赴地去做，不符合的就毫不迟疑地去改”[①]。

第二，充实丰富。2003年底到2004年初，我国经济运行出现投资规模偏大、部分行业和地区盲目投资、低水平重复建设等突出问题。为避免陷入大起大落困境，4月底，中央及时作出进一步加强和改善宏观调控的重大决策。胡锦涛强调，“这次加强和改善宏观调控是贯彻落实以人为本、全面协调可持续的科学发展观的重大实践”[②]。此后的三年多时间里，胡锦涛多次在《加强和改善宏观调控》《搞好宏观调控，促进科学发展》《在中共十六届六中全会第二次全体会议上的讲话》和《不断深化对科学发展观的认识，努力开创科学发展的新局面》等重要文献中，“以总结这次加强和改善宏观调控、推动经济社会平稳较快发展新经验的方式，深入阐发了我们党对科学发展观的新认识”[③]。第一，科学发展观的地位作用。胡锦涛在2005年11月29日明确指出：“科学发展观是对经济社会发展一般规律认识的深化，是指导发展的世界观和方法论的集中体现，是推进社会主义经济建设、政治建设、文化建设、社会建设全面发展的指导方针。”[④]第二，全面落实科学发展观的本质要求。2006年10月11日，根据推动科学发展的新实践和加强改善宏观调控的

①中共中央文献研究室编《十六大以来重要文献选编》（上），中央文献出版社，2005，第852页。

②中共中央文献研究室编《十六大以来重要文献选编》（中），中央文献出版社，2006，第453页。

③张宁：《科学发展观形成发展的进程及特点》，《马克思主义与现实》2012年第3期。

④中共中央文献研究室编《十六大以来重要文献选编》（下），中央文献出版社，2008，第69页。

新经验，胡锦涛提出“促进经济又好又快发展”[①]，并随后把它概括为“全面落实科学发展观的本质要求”[②]。“好”字当头，就是在经济发展中要坚决转变单纯追求增长速度和盲目扩大投资规模的发展观念，创新体现全面协调可持续要求的发展模式，在保持适当速度的同时，更加重视优化结构，努力提高发展质量和效益，在好中求快。确立又好又快的方针，反映了我们党对科学发展一般规律认识的深化。第三，推进经济建设科学发展的重要着力点。胡锦涛要求“坚持把推进结构调整和转变增长方式、实现总量平衡作为搞好宏观调控、促进科学发展的重要着力点”[③]，不断增强经济运行的稳定性和协调性。第四，把深化改革、完善体制机制作为促进科学发展的重要保障。胡锦涛指出，为适应全面建设小康社会的新要求，“当前改革的主要任务是，解决经济社会发展中的深层次矛盾和问题，消除影响科学发展的体制障碍”[④]，“逐步形成实现科学发展的体制保障”[⑤]。

第三，以党的十七大为标志，科学发展观进一步走向成熟。2007年，党的十七大对科学发展观的理论定位、理论依据、理论内涵作了全面阐述。十七大报告明确指出：“科学发展观，是对党的三代中央领导集体关于发展的重要思想的继承和发展，是马克思主义关于发展的世界观和方法论的集中体现，是同马克思列宁主义、毛泽东思想、邓小平理

①中共中央文献研究室编《十六大以来重要文献选编》（下），中央文献出版社，2008，第679页。

②中共中央文献研究室编《十六大以来重要文献选编》（下），中央文献出版社，2008，第806页。

③中共中央文献研究室编《十六大以来重要文献选编》（下），中央文献出版社，2008，第68页。

④中共中央文献研究室编《科学发展观重要论述摘编》，中央文献出版社、党建读物出版社，2008，第73页。

⑤中共中央文献研究室编《十六大以来重要文献选编》（下），中央文献出版社，2008，第69页。

论和‘三个代表’重要思想既一脉相承又与时俱进的科学理论，是我国经济社会发展的重要指导方针，是发展中国特色社会主义必须坚持和贯彻的重大战略思想。”[①]十七大报告提出了“中国特色社会主义理论体系”的科学概念，把科学发展观与邓小平理论、“三个代表”重要思想一道作为中国特色社会主义理论体系的重要组成部分，并把科学发展观与马克思列宁主义、毛泽东思想、邓小平理论和“三个代表”重要思想一道写入党章，成为党必须长期坚持的指导思想。

第四，深化发展。十七大后，以科学发展观为核心的理论和实践创新没有停顿，我们党领导科学发展的能力进一步提高，科学发展观理论也不断发展完善。其一，推动全党用科学发展观武装头脑指导实践。按照十七大部署，从2008年9月到2010年2月，我们党开展了历时一年半的科学发展观学习实践活动，把推动科学发展与加强和改进党的建设有机统一起来，极大地增强了全党推动科学发展的自觉性和坚定性，有力推动了科学发展观进一步转化为全党上下谋划发展的正确思路、促进发展的政策措施、领导发展的实际能力。其二，把加快经济发展方式转变作为深入贯彻落实科学发展观的重要目标和战略举措。党的十七届五中全会指出，推动今后经济社会发展，必须“以科学发展为主题，以加快转变经济发展方式为主线”[②]。胡锦涛指出，加快经济发展方式转变，“是总结我国现代化建设长期实践得出的重要结论，是党的十六大以来我们贯彻落实科学发展观的重要体会，是根据现阶段我国发展的客观实际提出的重大战略思想，是推动我国经济社会发展必须坚持的正

①中共中央文献研究室编《十七大以来重要文献选编》（上），中央文献出版社，2009，第10页。

②中共中央文献研究室编《十七大以来重要文献选编》（中），中央文献出版社，2011，第974页。

确方向”[①]。其三，2012年党的十八大将科学发展观确立为党的指导思想。党的十八大指出：“科学发展观是马克思主义同当代中国实际和时代特征相结合的产物，是马克思主义关于发展的世界观和方法论的集中体现，对新形势下实现什么样的发展、怎样发展等重大问题作出了新的科学回答，把我们对中国特色社会主义规律的认识提高到新的水平，开辟了当代中国马克思主义发展新境界。科学发展观是中国特色社会主义理论体系最新成果，是中国共产党集体智慧的结晶，是指导党和国家全部工作的强大思想武器。科学发展观同马克思列宁主义、毛泽东思想、邓小平理论、‘三个代表’重要思想一道，是党必须长期坚持的指导思想。”[②]

（三）科学发展观形成过程的特点

通过上述分析，可以看出科学发展观形成过程具有以下明显特点。首先，以国情认识和实践经验总结为基础推进创新。在我国走向现代化的长期进程中，国情实际在不断变化。科学发展观就是在认真总结这一时期我国发展阶段性特征，并总结社会主义建设的实践经验基础上形成的，这成为科学发展观形成的重要基础。其次，在继承党的三代中央领导集体关于发展的重要思想基础上进行创新。毛泽东思想、邓小平理论和“三个代表”重要思想都从当时实际出发对发展问题进行了卓有成效的探索，积累了宝贵经验。科学发展观的基本思路和许多重大观点，有些直接依据或来自这些思想，并进行了创新。例如胡锦涛在论述坚持以

①中共中央文献研究室编《十七大以来重要文献选编》（上），中央文献出版社，2009，第76页。

②胡锦涛：《坚定不移沿着中国特色社会主义道路前进　为全面建成小康社会而奋斗——在中国共产党第十八次全国代表大会上的报告》，人民出版社，2012，第7—8页。

人为本的客观必然性和重大意义，以及对马克思主义关于发展的世界观和方法论的精辟阐述，就是在继承与创新的结合中深化了以人为本、科学发展等观念的内涵，使之深刻融入当今时代的世界潮流。

二、科学发展观的理论体系和基本特点

（一）科学发展观的集中概括

科学发展观，第一要义是发展，核心立场是以人为本，基本要求是全面协调可持续，根本方法是统筹兼顾。这是对科学发展观的集中概括。

推动经济社会发展是科学发展观的第一要义。发展是人类文明进步的基础，也是马克思主义最基本的范畴之一。科学发展观是用来指导发展的理论，中国特色社会主义是靠发展来不断巩固和前进的。胡锦涛指出："发展是解决中国一切问题的'总钥匙'，发展对于全面建设小康社会、加快推进社会主义现代化，对于开创中国特色社会主义事业新局面、实现中华民族伟大复兴，具有决定性意义。"[①]在当代中国，坚持发展是硬道理的本质要求就是坚持科学发展。

以人为本是科学发展观的核心立场。以人为本就是以最广大人民的根本利益为本。以人为本的"人"，是指人民群众，就是以工人、农民、知识分子等劳动者为主体，包括社会各阶层人民在内的中国最广大人民；"本"，就是根本，就是出发点和落脚点。胡锦涛指出："我们提出以人

①胡锦涛：《在全党深入学习实践科学发展观活动动员大会暨省部级主要领导干部专题研讨班上的讲话》，人民出版社，2009，第15页。

为本的根本含义，就是坚持全心全意为人民服务，立党为公、执政为民，始终把最广大人民的根本利益作为党和国家工作的根本出发点和落脚点，坚持尊重社会发展规律与尊重人民历史主体地位的一致性，坚持为崇高理想奋斗与为最广大人民谋利益的一致性，坚持完成党的各项工作与实现人民利益的一致性，坚持发展为了人民、发展依靠人民、发展成果由人民共享。”①

全面协调可持续是科学发展观的基本要求。胡锦涛指出，我们之所以把全面协调可持续作为科学发展观的基本要求来强调，这是因为：一方面，经过长期发展，我们积累了较为雄厚的物质技术条件，可以在推进全面协调可持续发展上有更大作为；另一方面，城乡区域发展不平衡、经济社会发展不协调、经济发展与人口资源环境不适应等问题更加突出地摆在了我们面前。只有更加自觉地推进全面协调可持续发展，才能更好化解我国发展的各种制约因素，更好推动我国发展进程，确保实现我国发展的战略目标。全面协调可持续中的“全面”是指发展要有全面性、整体性，不仅经济发展，而且各个方面都要发展；“协调”是指发展要有协调性、均衡性，各个方面、各个环节的发展要相互适应、相互促进；“可持续”是指发展要有持久性、连续性，不仅当前要发展，而且要保证长远发展。

统筹兼顾是科学发展观的根本方法。它深刻体现了唯物辩证法在发展问题上的科学运用，深刻揭示了实现科学发展、促进社会和谐的基本途径，是正确处理经济社会发展中重大关系的方针原则。在我国改革发展的关键阶段，经济体制深刻变革，社会结构深刻变动，利益格局深刻调整，思想观念深刻变化。在这样的情况下，我们要推动科学发展、促

①中共中央文献研究室编《十七大以来重要文献选编》（上），中央文献出版社，2009，第107页。

进社会和谐，必须更加自觉地运用统筹兼顾的根本方法，正确反映和兼顾不同方面的利益。胡锦涛强调，要善于在推进经济发展的同时兼顾各个方面的发展要求，把经济建设、政治建设、文化建设、社会建设及其各个环节统筹好、协调好，使之相互促进、相互支撑，实现良性互动。党的十六届三中全会提出要统筹城乡发展、区域发展、经济社会发展、人与自然和谐发展、国内发展和对外开放，强调要坚持统筹兼顾，协调好改革进程中的各种利益关系。党的十七大在强调要坚持“五个统筹”的同时，进一步强调要统筹中央和地方的关系，统筹个人利益和集体利益、局部利益和整体利益、当前利益和长远利益，统筹国内国际两个大局。

（二）科学发展观的理论体系

科学发展观着眼于党和人民事业发展的全局，紧紧围绕建设中国特色社会主义这个主题，准确把握时代特征和中国国情，抓住重要战略机遇期，在全面建设小康社会进程中，认真研究和回答我国社会主义经济建设、政治建设、文化建设、社会建设、生态文明建设和党的建设等方面面临的一系列重大问题，形成了完整的理论体系。

第一，坚持以科学发展为主题，以加快转变经济发展方式为主线，是科学发展观在经济建设领域的主要体现。

加快转变经济发展方式是经济建设领域贯彻落实科学发展观的总命题。其目的就是要从根本上改变过去那种不合理的粗放型的增长方式，促进经济增长由主要依靠投资、出口拉动向依靠消费、投资、出口协调拉动转变，由主要依靠第二产业带动向依靠第一、第二、第三产业协同带动转变，由主要依靠增加物质资源消耗向主要依靠科技进步、劳动者素质提高、管理创新转变。在具体实践中，就是要按照又好又快的根本要求和稳中求进的总体思路，把经济结构战略性调整作为主攻方向，把科技进步和创新作为重要支撑，把保障和改善民生作为根本出发点和落脚点，把建设资源节约型环境友好型社会作为重要着力点，把改革开放作为强大动力。贯彻这个总要求，重点要抓好加快经济结构调整、产业结构调整、推进自主创新、转变农业发展方式、建设生态文明、促进经济社会协调发展、发展文化产业、转变对外经济发展方式等相关八个领域的工作，着力推动工业化、信息化、城镇化、农业现代化同步发展。

建设社会主义新农村的重大战略思想反映了科学发展观在解决“三农”问题上的新思路。

其基本内容包括：我国现在总体上已到了以工促农、以城带乡的发展阶段，要妥善处理现代化进程中的工农城乡关系。要坚持工业反哺农业、城市支持农村和多予少取放活方针，把建设社会主义新农村作为战略任务，把走中国特色农业现代化道路作为基本方向，把加快形成城乡经济社会发展一体化新格局作为根本要求。要通过建立以工促农、以城带乡长效机制，努力做到生产发展、生活宽裕、乡风文明、村容整洁、管理民主，切实推进农村全面小康社会建设。

建设创新型国家的重大战略思想是科学发展观在科技工作领域的集中体现。建设创新型国家已经成为我国发展战略的核心和提高综合国力的关键。其主要内容包括：建设创新型国家，核心就是把增强自主创新能力作为发展科学技术的战略基点，作为调整产业结构、转变发展方式的中心环节，作为国家战略贯穿到现代化建设各个方面；根本途径在于坚定不移地走中国特色自主创新道路；指导方针是坚持自主创新、重点跨越、支撑发展、引领未来；重要任务是深化科技体制改革，加快推进国家创新体系建设；具体要求是加快建设人才强国，形成有利于自主创新的体制机制，不断提高原始性创新能力、集成创新能力和引进消化吸收再创新能力；目标是确保我国到2020年进入创新型国家行列。

围绕加快转变经济发展方式，在经济建设的其他领域还提出了一些创新性的观点和重要决策。比如，围绕完善社会主义市场经济体制，提出要加快重要领域和关键环节改革步伐，着力构建充满活力、富有效率、更加开放、有利于科学发展的体制机制。又比如，围绕实现区域协调发展，提出了实施区域发展的总体战略，推动主体功能区建设，走中国特色城镇化道路，努力形成区域相互促进、优势互补、共同发展的新格局，等等。还比如，围绕提高对外开放水平，提出按照统筹国内发展和对外开放的总思路，实行更加积极主动的开放战略，加快转变对外经济发展方式，在更大范围、更广领域、更高层次上参与国际经济技术合作和竞争并形成新优势，努力形成开放型经济新格局，不断提高开放型经济发展的水平，以开放促发展、促改革、促创新，等等。

第二，坚持走中国特色社会主义政治发展道路是科学发展观在政治建设领域的主要体现。

十六大初步提出这一论断，将坚持党的领导、人民当家作主和依法治国有机统一作为根本要求。为了坚持和完善这一道路，十六大以来，党中央鲜明地提出了人民民主是社会主义的生命的重大论断，坚定不移地加以推进。其主要成就是：一是在根本政治制度和基本政治制度领域，将多年来形成的基层群众自治制度确立为我国的基本政治制度，积极探索完善人民代表大会制度、中国共产党领导的多党合作和政治协商制度、民族区域自治制度的具体思路和办法，充分发挥选举民主和协商民主相结合的优势，不断推进社会主义民主政治制度化、规范化、程序化。二是提出并正确处理政党关系、民族关系、宗教关系、阶层关系、海内外同胞关系的和谐，巩固和发展平等、团结、互助、和谐的社会主义民族关系。三是强调要坚持科学执政、民主执政、依法执政，牢固树立社会主义法治理念，更加注重发挥法治在国家和社会治理中的重要作用，保证人民依法享有广泛权利和自由。四是建立健全决策权、执行权、监督权既相互制约又相互协调的权力结构和运行机制，探索实行职能有机统一的大部门体制，努力建设服务政府、责任政府、法治政府，等等。

第三，坚持走中国特色社会主义文化发展道路、建设社会主义文化强国、建设社会主义核心价值体系等重大战略思想，是科学发展观在文化建设领域的集中体现。

建设社会主义文化强国，必须坚定不移地走中国特色社会主义文化发展道路。走这条道路要以科学发展为主题，以建设社会主义核心价值体系为根本任务，以满足人民精神文化需求为出发点和落脚点，以改革创新为动力，努力培养高度的文化自觉和文化自信，不断提高全民族文明素质，努力增强国家文化软实力，推动社会主义文化大发展大繁荣。要坚持贴近实际、贴近生活、贴近群众，充分发挥人民在文化建设中的主体作用，不断推进马克思主义中国化时代化大众化，推动文化事业和文化产业全面协调可持续发展，为科学发展提供坚强的思想保证、强大的精神动力、有力的舆论支持、良好的文化条件。

社会主义核心价值体系是兴国之魂。其基本内容有：马克思主义的指导思想，中国特色社会主义的共同理想，以爱国主义为核心的民族精神和以改革创新为核心的时代精神，社会主义荣辱观。我们要将社会主义核心价值体系建设融入国民教育、精神文明建设和党的建设全过程；还要引领社会思潮，尊重差异，包容多样，最大限度地形成社会思想共识，不断巩固全党全国各族人民团结奋斗的共同思想道德基础。

第四，构建社会主义和谐社会是科学发展观在社会建设领域的主要体现。

在十六大以来形成的所有重大战略思想中，构建社会主义和谐社会与科学发展观的关系较为独特。这一重大战略思想的形成几乎与科学发展观同步，强调“没有科学发展就没有社会和谐，没有社会和谐也难以实现科学发展”；“要通过发展增加社会物质财富、不断改善人民生活，又要通过发展保障社会公平正义、不断促进社会和谐”。[①]这一重大战略思想把“和谐”与“富强、民主、文明”一起作为建设社会主义现代化国家的内在要求和奋斗目标，拓宽了中国特色社会主义事业的总体布局。胡锦涛强调：社会和谐是中国特色社会主义本质属性；要正确处理人民内部矛盾，最大限度激发社会创造活力，最大限度增加和谐因素，最大限度减少不和谐因素；我们要建设的和谐社会，是在中国特色社会主义道路上，中国共产党领导全体人民共同建设、共同享有的和谐社会；构建社会主义和谐社会是贯穿中国特色社会主义事业全过程的长期历史任务，是在发展的基础上正确处理各种社会矛盾的历史过程和社会结果。构建社会主义和谐社会是一个不断化解社会矛盾的持续过程，要按照民主法治、公平正义、诚信友爱、充满活力、安定有序、人与自然和谐相处的总要求，把解决人民群众最关心、最直接、最现实的利益问题作为重点；促进社会和谐，要统筹兼顾、突出重点，坚持把群众利益放在首位，努力使全体人民学有所教、劳有所得、病有所医、老有所养、住有所居。党中央还确定了建设和谐社会的具体要求，即大力发展社会事业和改善民生，使改革发展成果更多更公平惠及全体人民；加强和创新社会管理，建设中国特色社会主义社会管理体系，确保社会既充满活力又和谐稳定；坚持走共同富裕道路，不断推动社会建设与经济建设、政治建设、文化建设协调发展。

①中共中央文献研究室编《十七大以来重要文献选编》（上），中央文献出版社，2009，第13页。

第五，建设生态文明是科学发展观在资源环境和人们生产生活领域的必然要求。

这一重大战略思想将统筹人与自然的关系、节约资源和保护环境等一系列要求上升到文明的高度来认识，提到了现代化建设全局的高度来处理，充分说明在资源环境各项工作中贯彻落实科学发展观的紧迫程度。十七大在确定实现全面建设小康社会奋斗目标的新要求时，将其确立为重要内容，和经济、政治、文化、社会建设并列在一起，凸显了这个领域工作的极端重要性，也进一步使中国特色社会主义事业形成了五位一体的总体布局。这一战略思想的实质是：要建设以资源环境承载力为基础、以自然规律为准则、以可持续发展为目标的资源节约型、环境友好型社会。推进生态文明建设是涉及生产方式和生活方式根本性变革的战略任务，要求切实树立生态文明观念，把生态文明建设的理念、原则、目标等深刻融入和全面贯穿到我国经济、政治、文化、社会建设的各方面和全过程，放在工业化、现代化发展战略的突出位置；坚持节约资源和保护环境的基本国策，着力推进绿色发展、循环发展、低碳发展，努力形成节约能源资源和保护生态环境的产业结构、增长方式、消费模式和体制机制，为人民创造良好的生产生活环境，等等。

第六，加强党的先进性建设，保持党的纯洁性，不断提高党的建设科学化水平，是科学发展观在党的建设领域形成的重大战略思想。

按照以改革创新精神全面推进党的建设新的伟大工程的总体思路，科学发展观在党的建设领域提出了下述新思想、新论断：一是将党的执政能力建设和先进性建设确立为党的建设的主线，提出了贯彻为民、务实、清廉的新要求，形成了党的思想建设、组织建设、作风建设、制度建设和反腐倡廉建设五位一体的总体布局，确定要努力使党始终成为立党为公、执政为民，求真务实、改革创新，艰苦奋斗、清正廉洁，富有活力、团结和谐的马克思主义执政党的新目标。围绕这些总目标总要求，提出要从坚持科学理论指导、加强制度建设、运用科学方法这三个方面，在党的建设五大领域全面提高党的建设科学化水平。在具体工作中，要求全党牢固坚持以人为本、执政为民理念，努力建设马克思主义学习型政党，坚持德才兼备、以德为先的用人标准，建立健全以党章为根本、以民主集中制为核心的制度体系，大兴求真务实之风，扎实推进惩治和预防腐败体系建设，走中国特色的反腐倡廉建设道路，等等。

第七，科学发展理念体现在国防、祖国统一和外交等领域的新要求。

与上述理论和实践创新相伴随，党中央在国防和军队现代化建设、“一国两制”实践、推进祖国统一大业、国际战略和对外交往等领域也提出了一些重大战略思想和新观点新论断，体现了科学发展理念在这些领域的新要求。比如，在国防和军队现代化建设领域，提出以推动国防和军队科学发展为主题、以加快转变战斗力生成模式为主线，统筹经济建设和国防建设，在全面建设小康社会进程中实现富国和强军的统一。胡锦涛强调：要全面履行新世纪新阶段军队的历史使命，全面加强和协调推进军队的革命化、现代化、正规化建设，积极培育当代革命军人核心价值观，大力弘扬听党指挥、服务人民、英勇善战的优良传统，走中国特色军民融合式发展路线，以增强打赢信息化条件下局部战争的能力为核心，不断提高应对多种安全威胁，完成多样化军事任务的能力，等等。

又比如，在“一国两制”实践领域，将保持香港、澳门长期繁荣稳定作为党在新形势下治国理政面临的重大课题，强调必须坚持全面准确理解和贯彻“一国两制”方针，严格按照基本法办事，支持香港、澳门集中精力发展经济、切实有效改善民生、循序渐进推进民主、包容共济促进和谐，等等。还比如，在祖国统一大业领域，提出以和平发展为主题发展两岸关系，胡锦涛指出：坚持一个中国原则决不动摇、争取和平统一的努力决不放弃、贯彻寄希望于台湾人民的方针决不改变、反对“台独”分裂活动决不妥协；按照先易后难、先经后政、循序渐进的思路稳步推进两岸关系；提出开创两岸关系和平发展新局面的六点意见。强调：推动两岸关系和平发展，要把坚持大陆和台湾同属一个中国作为政治基础，把深化交流合作、推进协商谈判作为重要途径，把促进两岸同胞团结奋斗作为强大动力，等等。

再比如，在国际战略和对外交往领域，提出坚持走和平发展道路，推动建设持久和平、共同繁荣的和谐世界的重大战略思想。这一重大战略思想要求统筹国内国际两个大局，高举和平、发展、合作的旗帜，坚决维护国家主权、安全、发展利益，坚持实施互利共赢的对外开放战略，维护世界多样性和发展模式多样化，努力实现和平的发展、开放的发展、合作的发展，等等。所有这些，都内在地体现了科学发展的思想精髓和具体要求，从各自领域丰富和完善了科学发展观。

通过上述分析，我们可以清晰地看出：科学发展观的内容涵盖了社会主义经济建设、政治建设、文化建设、社会建设、生态文明建设、党的建设以及国防和军队现代化建设、“一国两制”实践和祖国统一大业、国际战略和外交工作等各个领域，涉及改革发展稳定、内政外交国防、治党治国治军等各个方面，构成了一个完整的科学理论体系。

（三）科学发展观的基本特点

作为科学理论体系，科学发展观具有强烈的人民性、鲜明的开放性、整体协调的系统性等显著特点。

第一，强烈的人民性。

“人民性是贯穿科学发展观的一条主线和红线。”[①]以人为本是科学

①王勇桂：《科学发展观理论体系研究》，《马克思主义研究》2006年第12期。

发展观的本质和核心。以人为本就是坚持以最广大人民群众的根本利益为根本，这坚持了马克思主义关于人民群众是社会发展主体的基本思想，彰显了中国共产党执政为民的崇高价值追求。以人为本的科学发展观要求我们任何时候“都必须坚持尊重社会发展规律与尊重人民历史主体地位的一致性，坚持为崇高理想奋斗与为最广大人民谋利益的一致性，坚持完成党的各项工作与实现人民利益的一致性”①。科学发展观坚持发展为了人民、发展依靠人民、发展成果由人民共享，发展战略、发展途径、发展方针和发展政策，都必须以符合最广大人民的根本利益为最高标准。

第二，鲜明的开放性。

科学发展观具有鲜明的开放性，首先，科学发展观在继承马克思主义的发展理论的基础上，又在实践基础上丰富发展了马克思主义和中国特色社会主义的发展理论，如科学发展观以马克思主义唯物史观为指导，对发展本质和目的作了新揭示，提出要坚持以人为本，把人民的利益作为一切工作的出发点和落脚点，不断满足人们的多方面需求和促进人的全面发展。它使社会主义社会发展的终极目标不再局限于经济发展的单一目标，而是由经济、政治、社会、生态和人的全面发展目标有机组成的目标体系。二是科学发展观总结当今世界发展理论和当代世界各国发展道路的经验和教训，把对内科学发展和对外和平发展有机结合起来，主张推进“和谐世界”建设，这体现了开放性眼光和世界性意义。

第三，整体协调的系统性。

科学发展观强调统筹兼顾、全面协调可持续的发展，这体现了系统的整体性和协调性的统一。首先，统筹兼顾的根本方法体现了系统整体性和协调性的统一。“在统筹兼顾中，‘统筹’指的是总揽全局、科学

①中共中央文献研究室编《十五大以来重要文献选编》（下），人民出版社，2003，第1909页。

筹划；‘兼顾’则强调照顾各个方面，协调好方方面面的关系，解决好方方面面的利益矛盾，防止顾此失彼。统筹兼顾，要求我们把发展看作是各方面共同推进、彼此协调的过程”①，其次，全面的发展从发展的要素构成角度强调了系统的整体性。科学发展观的全面发展的要求，强调在推进经济社会发展的实践中注重经济、政治、文化、社会建设的各个环节、各个方面的全面发展，体现了科学发展观的系统整体性特点。再次，协调的发展从发展的空间角度强调了系统的均衡性和协调性。我国经济社会发展在取得举世瞩目的成就的同时，又存在着不平衡、不协调等不足，体现在城乡之间不平衡，地区之间不平衡，经济发展与社会发展不协调，社会发展与自然发展不协调，外需与内需不平衡等。“五个统筹”的提出就是为了解决这些不平衡、不协调。科学发展观提出的“五个统筹”的思想，包括统筹城乡发展、统筹区域发展、统筹经济社会发展、统筹人与自然和谐发展、统筹国内发展和对外开放，这些都体现出科学发展观的系统协调性特点。

总之，科学发展观内涵丰富、特点鲜明，实现了马克思主义中国化的新飞跃，大大推进中国特色社会主义的发展进程。随着实践的深入推进，我们仍然需要以坚定的人民立场，全面开放的视野和创新的眼光不断为中国特色社会主义理论体系增添新内容。

三、发展中国特色社会主义的长期指导思想

科学发展观是中国特色社会主义理论体系的第三大理论成果，是中

①杨春长、张明仓：《指导发展的世界观和方法论的集中体现（全面贯彻落实科学发展观）——科学发展观的重大理论与实践意义》，《人民日报》2006年7月19日，第9版。

国特色社会主义理论体系的重大创新和发展，开辟了当代中国马克思主义发展新境界，是发展中国特色社会主义必须长期坚持的指导思想。

1. 科学发展观是中国特色社会主义理论体系的新成果

以胡锦涛为总书记的党中央提出的科学发展观，是围绕中国特色社会主义理论主题进行创新的新成果。这一成果涉及生产力和生产关系、经济基础和上层建筑的各个环节，体现在中国特色社会主义伟大事业和党的建设、新的伟大工程的各个方面，科学回答了在新世纪新阶段、处在新的历史起点的中国特色社会主义“要实现什么样的发展、怎样发展”等重大理论和实际问题，以新的思想、新的观点、新的论断丰富和发展了中国特色社会主义理论体系。

正如习近平所指出的，科学发展观“具有深厚的思想内涵，紧紧围绕发展中国特色社会主义这个主题，准确把握世界发展趋势和我国发展的阶段性特征，正确回答了我国经济建设、政治建设、文化建设、社会建设以及生态文明建设和党的建设面临的一系列重大问题”[①]。

2. 科学发展观创新和发展了中国特色社会主义的重要观点

科学发展观丰富和发展了中国特色社会主义关于发展的理论。发展的观点是马克思主义的基本观点，改革开放以来，党关于发展的理论不断深化。改革开放之初，邓小平提出了“发展才是硬道理”的思想。之后，江泽民提出了“发展是党执政兴国的第一要务”的思想。党的十六大以来，我国进入加快发展、深化改革开放阶段，我们党在“发展才是硬道理”“发展是党执政兴国的第一要务”等重要观点基础上，提出“在当代中国，坚持发展是硬道理的本质要求就是坚持科学发展”[②]的

①中共中央文献研究室编《十七大以来重要文献选编》（上），中央文献出版社，2009，第588页。

②中共中央文献研究室编《十七大以来重要文献选编》（中），中央文献出版社，2011，第1002页。

新论断，进一步明确了发展的核心、目的、基本要求和根本方法等重要问题，在发展观上实现了突破。2010年10月，党的十七届五中全会通过的《中共中央关于制定国民经济和社会发展第十二个五年规划的建议》指出："在当代中国，坚持发展是硬道理的本质要求，就是坚持科学发展，更加注重以人为本，更加注重全面协调可持续发展，更加注重统筹兼顾，更加注重保障和改善民生，促进社会公平正义。"[①]这是对"发展"和"科学发展"的新认识。党的十八大报告对贯彻落实科学发展观进一步提出了四个"必须更加自觉"的新要求，这就使中国特色社会主义发展理论更加鲜明、科学，更加符合当今中国的迫切需要。

科学发展观创新和发展了关于社会主义本质的认识。改革开放后，邓小平深刻揭示社会主义本质，加深了对什么是社会主义、怎样建设社会主义的认识。他指出："社会主义的本质，是解放生产力，发展生产力，消灭剥削，消除两极分化，最终达到共同富裕。"[②]这个科学论断从社会主义的根本任务和价值目标上回答了社会主义的本质这一问题。之后，江泽民提出了"三个代表"重要思想，提出要发展先进生产力、先进文化和实现最广大人民的根本利益，进一步明确了党的先进性的判断标准和社会主义的本质要求。新世纪新阶段，科学发展观将社会和谐、公平正义作为社会主义的本质要求，鲜明回答了中国特色社会主义的本质观、价值观这一问题。2006年10月，党的十六届六中全会通过的《中共中央关于构建社会主义和谐社会若干重大问题的决定》提出："社会和谐是中国特色社会主义的本质属性，是国家富强、民族振兴、人民幸福的重要保证。"[③]这从

①中共中央文献研究室编《十七大以来重要文献选编》（中），中央文献出版社，2011，第974—975页。

②《邓小平文选》（第三卷），人民出版社，1993，第373页。

③中共中央文献研究室编《十六大以来重要文献选编》（下），中央文献出版社，2008，第648页。

根本上反映了广大人民的共同愿望和社会主义的本质要求。

科学发展观创新和发展了中国特色社会主义建设根本目的和依靠力量的理论。发展目的是发展观的首要问题，不同的社会制度决定着不同的发展目的，不同的发展目的又体现了不同的社会制度。依靠力量是实现社会主义发展目标的力量保证。科学发展观的核心是以人为本，以人为本揭示了发展的目的，蕴涵着社会主义发展主体和依靠力量的含义。以人为本，就是要以实现人的全面发展为目标，从人民群众的根本利益出发谋发展、促发展。这就明确表达了发展为了人民，发展依靠人民，发展的成果由人民共享的深刻思想，回答了“为谁发展、靠谁发展”的重大原则问题。可以说，以人为本的科学发展观，体现了我们党“立党为公、执政为民”的执政观与历史唯物主义群众观的有机统一，创新和发展了中国特色社会主义建设根本目的和依靠力量的理论。

3. 科学发展观为推进党的建设提供了强大的思想武器

党的建设是中国特色社会主义事业取得胜利的重要法宝。新世纪新阶段，胡锦涛针对我们党所面临的新形势新任务，提出我们要以改革创新精神全面提高党的建设科学化水平。“新形势下，党面临的执政考验、改革开放考验、市场经济考验、外部环境考验是长期的、复杂的、严峻的，精神懈怠危险、能力不足危险、脱离群众危险、消极腐败危险更加尖锐地摆在全党面前。”[①]因此，我们要以加强党的执政能力建设、先进性和纯洁性建设为主线，坚持解放思想、改革创新，坚持党要管党、从严治党，全面加强党的思想建设、组织建设、作风建设、反腐倡廉建设、制度建设，增强自我净化、自我完善、自我革新、自我提高能力，把党建设成为学习型、服务型、创新型的马克思主义政党，使党

①胡锦涛：《坚定不移沿着中国特色社会主义道路前进　为全面建成小康社会而奋斗——在中国共产党第十八次全国代表大会上的报告》，人民出版社，2012，第49页。

始终成为中国特色社会主义事业的坚强领导核心。这一论断，是新形势下加强党的建设的根本要求，是党的建设思想在新时期的新发展，为推进党的建设提供了强大的思想武器。具体表现在：

一方面，科学发展观为我们加强党的执政能力建设提供了指导。科学发展观强调，党的执政能力建设是党执政后的一项根本建设，它“关系党的建设和中国特色社会主义事业的全局”[①]。要按照科学执政、民主执政、依法执政的要求，提高领导干部执政本领，改善领导方式和执政方式，健全领导体制，把各级领导班子建设成为坚定贯彻党的理论和路线方针政策、善于领导科学发展的坚强领导集体。

另一方面，科学发展观为我们推进党的先进性建设提供了思想武器。先进性是马克思主义政党的本质属性，是马克思主义政党的生命所系、力量所在。“保持和发展党的先进性是马克思主义政党自身建设的根本任务和永恒课题”[②]。科学发展观提出了加强党的先进性建设的主要措施，提出我们党要准确把握时代脉搏，保证党始终与时代发展同步伐；要围绕党的中心任务来加强党的先进性建设，保证党始终引领中国社会发展进步；还要增强广大党员的先进性意识，激发其自我教育、自我提高的内在动力，使我们党始终保持与时俱进的品质，始终走在时代前列。

①胡锦涛：《高举中国特色社会主义伟大旗帜　为夺取全面建设小康社会新胜利而奋斗——在中国共产党第十七次全国代表大会上的报告》，人民出版社，2007，第51页。

②胡锦涛：《在庆祝中国共产党成立85周年暨总结保持共产党员先进性教育活动大会上的讲话》，人民出版社，2006，第10页。

第六章
中国特色社会主义理论体系的最新理论成果——习近平新时代中国特色社会主义思想

党的十九大概括和提出了习近平新时代中国特色社会主义思想，并将这一思想确立为党的指导思想写入党章。习近平新时代中国特色社会主义思想，是马克思主义中国化的最新成果，是中国特色社会主义的第四大理论成果，是21世纪中国的马克思主义。

一、习近平新时代中国特色社会主义思想的形成背景

习近平新时代中国特色社会主义思想的形成，“既是时代发展的必然选择，同时也是马克思主义与时俱进的必然结果；既是在传承中华优秀传统文化、革命文化和社会主义先进文化基础上形成的伟大成果，同时也是党的十八大以来中国共产党治国理政实践探索的经验总结和理论升华；既是集体探索的成果，同时也是习近平成长经历和深厚理论素养的必然结晶”①。同时，习近平新时代中国特色社会主义思想“广泛而深

①王炳林、马宁：《习近平新时代中国特色社会主义思想的形成依据》，《思想理论教育导刊》2018年第6期。

刻地汲取了人类社会发展的历史经验，因而具有广泛而深厚的历史基础和历史依据”[①]。

（一）习近平新时代中国特色社会主义思想是时代发展的必然选择

习近平新时代中国特色社会主义思想的形成，是中国共产党应对时代挑战的必然选择。当今世界正处于大发展大变革大调整时期，虽然和平与发展依然是时代主题，和平发展大势不可逆转，但随着世界多极化、经济全球化、社会信息化、文化多样化深入发展，世界面临的不稳定性不确定性的因素也在增加。这突出表现在“世界经济增长动能不足，贫富分化日益严重，地区热点问题此起彼伏，恐怖主义、网络安全、重大传染性疾病、气候变化等非传统安全威胁持续蔓延”[②]，所有这些问题都是世界性的难题，“没有哪个国家能够独自应对人类面临的各种挑战，也没有哪个国家能够退回到自我封闭的孤岛”[③]。中国作为世界上负责任的大国，中国共产党作为为人类进步事业而奋斗的政党，历来把维护世界和平、促进共同发展作为自己的神圣使命。面对人类的共同挑战，习近平先后提出了新安全观、全球治理观、正确义利观、人类命运共同体、“一带一路”倡议等一系列有利于世界和平发展的新理念新倡议新方案。尤其是以建设一个持久和平、普遍安全、共同繁荣、开放包容、清洁美丽的世界为主要目标的人类命运共同体思想，承载着中国对建设和谐世界的崇高理想和不懈追求，反映了世界各国人民对和平公

①邱乘光：《论习近平新时代中国特色社会主义思想》，《新疆师范大学学报（哲学社会科学版）》2018年第2期。

②习近平：《决胜全面建成小康社会　夺取新时代中国特色社会主义伟大胜利——在中国共产党第十九次全国代表大会上的报告》，人民出版社，2017，第58页。

③习近平：《决胜全面建成小康社会　夺取新时代中国特色社会主义伟大胜利——在中国共产党第十九次全国代表大会上的报告》，人民出版社，2017，第58页。

正国际政治经济新秩序的美好期待，因此受到国际社会特别是广大发展中国家的普遍欢迎和强烈支持。

可以说，世界需要中国智慧、中国理念、中国方案，中国也正在发挥着世界和平建设者、全球发展贡献者、国际秩序维护者的重要作用。习近平新时代中国特色社会主义思想正是在这样的时代背景下孕育产生、丰富发展的。

（二）习近平新时代中国特色社会主义思想是马克思主义与时俱进的必然结果

作为当代中国的马克思主义，习近平新时代中国特色社会主义思想是对马克思列宁主义、毛泽东思想、邓小平理论、“三个代表”重要思想、科学发展观的继承和发展，是马克思主义中国化的最新成果，是中国特色社会主义理论体系的重要组成部分。马克思列宁主义、毛泽东思想和中国特色社会主义理论体系共同奠定了习近平新时代中国特色社会主义思想形成的理论基础。

1. 习近平新时代中国特色社会主义思想继承发展了马克思列宁主义

马克思主义是关于无产阶级和人类解放的科学，马克思主义最鲜明的政治立场就是致力于实现无产阶级和广大人民群众的根本利益，最崇高的社会理想就是建立人的自由全面发展的共产主义社会。习近平坚持并发展了马克思主义的这一政治立场和基本观点，提出“人民对美好生活的向往，就是我们的奋斗目标”[①]，并提出以人民为中心的发展思想，强调要“坚持人民主体地位，坚持立党为公、执政为民，践行全心全意为人民服务的根本宗旨，把党的群众路线贯彻到治国理政全部活动之中，把人民对

①习近平：《习近平谈治国理政》，外文出版社，2014，第3页。

美好生活的向往作为奋斗目标，依靠人民创造历史伟业”[①]。

唯物辩证法是马克思主义认识世界、改造世界的根本方法。列宁认为：“可以把辩证法简要地规定为关于对立面的统一的学说。这样就会抓住辩证法的核心，可是这需要说明和发挥。”[②]习近平在治国理政的实践中处处体现了辩证法的思想，是对列宁上述论断的最好“说明和发挥”。如在协调推进“四个全面”战略布局过程中，习近平强调既要注重总体谋划，又要注重牵住“牛鼻子”；既对全面建成小康社会作出全面部署，又强调“小康不小康，关键看老乡”；既对全面深化改革作出顶层设计，又强调突出抓好重要领域和关键环节的改革；既对全面推进依法治国作出系统部署，又强调以中国特色社会主义法治体系为总目标和总抓手；既对全面从严治党提出系列要求，又把党风廉政建设作为突破口，着力解决人民群众反映强烈的“四风”问题，积极构建完善不敢腐、不能腐、不想腐的制度机制。总之，习近平认为，“在任何工作中，我们既要讲两点论，又要讲重点论，没有主次，不加区别，眉毛胡子一把抓，是做不好工作的”[③]。

2. 习近平新时代中国特色社会主义思想继承发展了毛泽东思想

毛泽东思想以独创性的理论丰富和发展了马克思列宁主义。实事求是、群众路线、独立自主是毛泽东思想活的灵魂。习近平指出，坚持实事求是，就要清醒认识和正确把握我国仍处于并将长期处于社会主义初级阶段这个基本国情，全面深化改革，有效应对前进道路上可以预见和难以预见的各种困难与风险；坚持群众路线，就要坚持全心全意为人民

①习近平：《决胜全面建成小康社会 夺取新时代中国特色社会主义伟大胜利——在中国共产党第十九次全国代表大会上的报告》，人民出版社，2017，第21页。

②《列宁选集》（第二卷），人民出版社，2012，第412页。

③习近平：《习近平谈治国理政》（第二卷），外文出版社，2017，第23页。

服务的根本宗旨，保持同人民群众的血肉联系，真正让人民来评判我们的工作；坚持独立自主，就要坚持中国的事情必须由中国人民自己作主张、自己来处理，坚定不移地走中国特色社会主义道路。习近平不仅在理论上对毛泽东思想活的灵魂进行新的诠释，而且在行动上加以积极践行。通过贯彻实事求是的思想路线，在深入调查了解当代中国国情的基础上对社会主要矛盾进行了新的概括；通过发起群众路线教育实践活动，坚定不移地开展反腐败斗争，进一步密切了党群关系；在外交上奉行独立自主的和平外交政策，尊重各国人民自主选择发展道路的权利，反对干涉别国内政。

3. 习近平新时代中国特色社会主义思想继承发展了邓小平理论、“三个代表”重要思想、科学发展观

党的十九大通过的《中国共产党章程（修正案）》和《关于〈中国共产党章程（修正案）〉的决议》都明确指出：“习近平新时代中国特色社会主义思想是对马克思列宁主义、毛泽东思想、邓小平理论、‘三个代表’重要思想、科学发展观的继承和发展，是马克思主义中国化最新成果。”①这就告诉我们：习近平新时代中国特色社会主义思想的形成是以马克思列宁主义、毛泽东思想、邓小平理论、“三个代表”重要思想、科学发展观为思想渊源和理论基础的。

坚持和发展中国特色社会主义是改革开放以来中国共产党理论探索的主线。早在1982年，党的十二大就提出了“建设有中国特色的社会主义”这一时代命题，其后，邓小平理论奠定了中国特色社会主义理论体系形成的基础，“三个代表”重要思想成功把中国特色社会主义推向21世纪，科学发展观在新的历史起点上坚持和发展了中国特色社会主义。

①《中国共产党章程》，人民出版社，2017，第3页。

党的十八大以后，以习近平为核心的党中央，紧紧围绕“新时代坚持和发展什么样的中国特色社会主义、怎样坚持和发展中国特色社会主义”这一重大时代课题，以巨大的政治勇气和强烈的责任担当，提出一系列新理念新思想新战略，形成了习近平新时代中国特色社会主义思想。正如习近平所言，“坚持和发展中国特色社会主义是一篇大文章，邓小平同志为它确定了基本思路和基本原则，以江泽民同志为核心的党的第三代中央领导集体、以胡锦涛同志为总书记的党中央在这篇大文章上都写下了精彩的篇章。现在，我们这一代共产党人的任务，就是继续把这篇大文章写下去”[①]。习近平新时代中国特色社会主义思想，是与马克思列宁主义、毛泽东思想、邓小平理论、“三个代表”重要思想、科学发展观一脉相承的统一的科学体系。它们有着共同的世界观和方法论——辩证唯物主义和历史唯物主义；有着共同的价值目标——维护和实现最广大人民的根本利益；有着共同的理论品格——与时俱进。习近平新时代中国特色社会主义思想是马克思主义基本原理与中国特色社会主义新时代的具体实际和时代特征相结合的产物，是马克思主义中国化的最新理论成果。

（三）习近平新时代中国特色社会主义思想是在传承中华优秀传统文化、革命文化和社会主义先进文化基础上形成的伟大成果

文化是一个国家和民族的灵魂，文化自信“是更基础、更广泛、更深厚的自信，是更基本、更深沉、更持久的力量”[②]。习近平新时代中国特色社会主义思想具有深厚的文化根基。它植根于中华优秀传统文化，蕴含着中华民族的政治智慧和历史经验；继承了包括红船精神、井冈山

①习近平：《习近平谈治国理政》，外文出版社，2014，第23页。
②习近平：《习近平谈治国理政》（第二卷），外文出版社，2017，第349页。

精神、长征精神、延安精神、西柏坡精神等在内的红色文化基因，体现了革命传统的现代延续；坚持社会主义先进文化的前进方向，开辟了中国特色社会主义文化建设的新境界。

“优秀传统文化是一个国家、一个民族传承和发展的根本，如果丢掉了，就割断了精神命脉。”[①]中华优秀传统文化博大精深，“积淀着中华民族最深沉的精神追求，包含着中华民族最根本的精神基因，代表着中华民族独特的精神标识”[②]。习近平高度重视中华优秀传统文化，将其作为治国理政的重要思想文化资源。习近平继承中华优秀传统文化中协和万邦的国际观，参考古代丝绸之路建设的成功经验，于2013年秋提出了“一带一路”建设构想，推动相关各国打造互利共赢的利益共同体和共同发展繁荣的命运共同体。提出“人与自然是生命共同体”“绿水青山就是金山银山”等重要论述，大力推动生态文明建设。习近平还特别强调要运用历史智慧推进反腐倡廉建设，认为“研究我国反腐倡廉历史，了解我国古代廉政文化，考察我国历史上反腐倡廉的成败得失，可以给人以深刻启迪，有利于我们运用历史智慧推进反腐倡廉建设”[③]。在习近平公开发表的文章和著作中，对传统文化中的名言警句、诗词歌赋和历史典故的引用随处可见，这一方面反映了习近平具有深厚的历史文化功底，另一方面也充分体现了中华优秀传统文化对习近平理论创新的深刻影响。

革命文化又称红色文化，是中国共产党领导中国人民在新民主主义革命和社会主义革命斗争实践中形成的精神财富的总和，它上承中华优

①习近平：《习近平谈治国理政》（第二卷），外文出版社，2017，第313页。

②中共中央文献研究室编《十八大以来重要文献选编》（上），中央文献出版社，2014，第585页。

③习近平：《习近平谈治国理政》，外文出版社，2014，第390页。

秀传统文化，下启社会主义先进文化，是中华民族最为独特的精神标识。革命精神是革命文化的集中体现，它包括红船精神、井冈山精神、长征精神、延安精神、西柏坡精神、抗美援朝精神等。习近平将革命精神视为理论创新的重要动力来源。早在2005年6月21日，习近平就在《光明日报》发表文章《弘扬“红船精神”走在时代前列》，首次提出并阐释了“红船精神”。习近平认为“红船精神”是中国革命精神之源，其基本内涵包括开天辟地、敢为人先的首创精神，坚定理想、百折不挠的奋斗精神，立党为公、忠诚为民的奉献精神。2017年10月31日，党的十九大刚刚闭幕不久，习近平就带领新一届中共中央政治局常委专程前往上海和浙江嘉兴，瞻仰中共一大会址和嘉兴红船，回顾建党历史，重温入党誓词，宣示新一届党中央领导集体的坚定政治信念，意在表明中国共产党人时刻不忘自己的初心和使命。习近平2016年4月在安徽金寨考察时曾表示，要沿着革命前辈的足迹继续前行，把红色江山世世代代传下去，使红色基因渗进血液、浸入心扉。可见，革命文化和革命精神是习近平理论创新的文化之根和动力之源。

社会主义先进文化亦即中国特色社会主义文化，是以马克思主义为指导，以培育有理想、有道德、有文化、有纪律的公民为目标，发展面向现代化、面向世界、面向未来的民族的科学的大众的社会主义文化。社会主义先进文化是对中华优秀传统文化和革命文化的继承与发展。在社会主义核心价值体系基础上凝练出来的社会主义核心价值观，是社会主义先进文化的精髓，体现了社会主义意识形态的本质要求。习近平认为，社会主义核心价值观是当代中国精神的集中体现，凝结着全体人民共同的价值追求，提出“要以培养担当民族复兴大任的时代新人为着眼点，强化教育引导、实践养成、制度保障，发挥社会主义核心价值观对国民教育、精神文明创建、精神文化产品创作生产传播的引领作用，把社会主义核心价值观融入社会发展各方面，转化为人们的情感认同和行为习惯”[①]。

（四）习近平新时代中国特色社会主义思想是党的十八大以来中国共产党治国理政实践探索的经验总结和理论升华

党的十八大以来，以习近平为核心的党中央，以巨大的政治勇气和强烈的责任担当，出台一系列重大方针政策，推出一系列重大举措，推进一系列重大工作，解决了许多长期想解决而没有解决的难题，办成了许多过去想办而没有办成的大事，推动党和国家事业发生历史性变革。在这一实践探索过程中，以习近平为核心的党中央将治国理政的新理念新思想新战略不断进行总结凝练，最终升华为习近平新时代中国特色社会主义思想。

中国共产党的最终目标是实现共产主义，然而这是一个漫长的历史过程，为了鼓舞民众斗志，指明前进方向，党在每个社会发展阶段都会制定一个阶段性的奋斗目标。实现中华民族伟大复兴的中国梦就是以习近平为核心的党中央制定的重大战略构想。2012年11月，习近平在参观《复兴之路》展览时，首次提出“实现中华民族伟大复兴中国梦”，并再次重申了“两个一百年”的奋斗目标。2013年3月，习近平在第十二届全国人民代表大会第一次会议上的讲话中，将中国梦的基本内涵概括为国家富强、民族振兴和人民幸福，并指明了实现中国梦的具体路径，即走中国道路、弘扬中国精神、凝聚中国力量。经过长期奋斗，中国特色社会主义已经进入新时代。这个新时代，就是全体中华儿女戮力同心、奋力实现中华民族伟大复兴中国梦的时代。随着建党一百周年的来临，

①习近平：《决胜全面建成小康社会　夺取新时代中国特色社会主义伟大胜利——在中国共产党第十九次全国代表大会上的报告》，人民出版社，2017，第42页。

全面建成小康社会的奋斗目标即将实现。围绕实现中华人民共和国成立一百周年的奋斗目标，党的十九大及时作出了“两个15年”的战略安排：从2020年到2035年，在全面建成小康社会的基础上，再奋斗15年，基本实现社会主义现代化。从2035年到21世纪中叶，在基本实现现代化的基础上，再奋斗15年，把我国建成富强民主文明和谐美丽的社会主义现代化强国。中国梦，成为我们开辟未来的一面精神旗帜，为坚持和发展中国特色社会主义注入了崭新内涵。

党的十八大以来，习近平总书记从坚持和发展中国特色社会主义全局出发，立足中国实际，坚持问题导向，深入探索共产党执政规律、社会主义建设规律和人类社会发展规律，在实践中逐步形成了“四个全面”战略布局思想。“四个全面”战略布局是具有内在逻辑关系的有机统一体，是时代和实践发展对党和国家工作的新要求，为实现“两个一百年”奋斗目标提供了重要保障。

党的十八大以来，中国经济社会稳步发展，人民生活水平不断提高，成就是全方位的、开创性的，变革是深层次的、根本性的，但是不容忽视的是，经济社会发展中还存在一些问题和挑战，这集中体现在五个方面：经济发展动力不足，发展不平衡不充分，生态环境破坏严重，对外开放水平不高，城乡区域发展和收入分配差距依然较大。所有这些发展中遇到的问题只有通过进一步发展来解决。以习近平为核心的党中央，经过实践探索，针对中国经济转型过程中面临的五大类问题，在党的十八届五中全会上正式提出了创新发展、协调发展、绿色发展、开放发展、共享发展的新发展理念。具体来看，创新解决的是经济发展动力问题，协调解决的是经济发展不平衡问题，绿色解决的是人与自然的关系问题，开放解决的是发展内外联动问题，共享解决的是社会公平正义问题。“这五大发展理念不是凭空得来的，是我们在深刻总结国内外发展经验教训的基础上形成的，也是在深刻分析国内外发展大势的基础上形成的，集中反映了我们党对经济社会发展规律认识的深化，也是针对我国发展中的突出矛盾和问题提出来的。”①

（五）习近平新时代中国特色社会主义思想是习近平个人理论探索和经验总结的伟大成果

习近平新时代中国特色社会主义思想，是党和人民实践经验和集体智慧的结晶，同时也是习近平个人长期理论探索的成果。这一思想的主要创立者是习近平。党的十八大以来，习近平以马克思主义政治家、理论家的深刻洞察力、敏锐判断力和战略定力，提出了一系列有开创性意义的新理念新思想新战略，为这一思想的创立发挥了决定性作用，作出了决定性贡献。习近平的成长经历和丰富的工作经验，特别是他勇于创新、善于进行理论探讨和经验总结的优良作风，也是这一思想形成的重要条件和宝贵资源。习近平以知青身份跨入社会，历经村、县、市、省直至中央等各个层级的主要岗位，从政经历遍及党、政、军各个领域，其成长之路也是习近平新时代中国特色社会主义思想的孕育过程。正定县是习近平从政起步的地方，为他提供了施展政治才华最初的试验田，他带领全县党员干部察实情、谋实招、靠实干、求实效，踏踏实实地为当地干了许多影响长远的实事好事，其亲民务实的工作风格至今仍为当地老百姓津津乐道。东南沿海主政经历是习近平执政能力全面提升的黄金时期。他在福建推进林权改革、建设生态省和“数字福建”，使福建走上经济社会快速发展的轨道。在浙江，他着力建设“平安浙江”、文化大省，使浙江成为全国可持续发展的试验田和排头兵；他提出绿水青

①习近平：《习近平谈治国理政》（第二卷），人民出版社，2017，第197页。

山就是金山银山的观点，丰富和发展了党的生态文明建设理论。2007年，在上海时，他考察了全市所有19个区县，阐述上海城市精神，推动共建共享改善民生。实践出真知。丰富的地方从政经历为其理论创新提供了最鲜活的素材。党的十八大以来，习近平以非凡的政治智慧和强烈的历史担当，团结带领全党全国各族人民进行具有许多新的历史特点的伟大斗争，不断推进理论创新、实践创新、制度创新、文化创新以及其他各方面创新，不断开拓马克思主义中国化新境界，形成了习近平新时代中国特色社会主义思想，为发展21世纪马克思主义、当代中国马克思主义作出了历史性贡献。

（六）习近平新时代中国特色社会主义思想是广泛而深刻地汲取了人类社会发展的历史经验而形成的伟大成果

习近平新时代中国特色社会主义思想虽然是在党的十八大以来形成的，但它却广泛而深刻地汲取了人类社会发展的历史经验，因而具有广泛而深厚的历史基础和历史依据。历史是最好的教科书。以史为鉴，可以知兴替。党的十八大提出中国特色社会主义是党和人民90多年奋斗、创造、积累的根本成就。习近平总书记强调要深刻领会这一点，并且明确指出："中国特色社会主义是改革开放新时期开创的，也是建立在我们党长期奋斗基础上的，是由我们党的几代中央领导集体团结带领全党全国人民历经千辛万苦、付出各种代价、接力探索取得的"，"是党和人民长期实践取得的根本成就"，进而言之，它"承载着几代中国共产党人的理想和探索，寄托着无数仁人志士的夙愿和期盼，凝聚着亿万人民的奋斗和牺牲，是近代以来中国社会发展的必然选择"。[①]在此基础

①中共中央文献研究室编《十八大以来重要文献选编》（上），中央文献出版社，2014，第73—74页。

上，着眼于在新的历史条件下坚持和发展中国特色社会主义，习近平总书记对中华民族5000年的文明史，世界社会主义500年的发展史，中国近代170多年的奋斗史，特别是中国共产党成立90多年、执政60多年、改革开放30多年的历史，进行了系统回顾和深刻总结。正是通过回顾和总结历史，中国共产党不仅更深刻地认识了中国特色社会主义的历史必然性，而且更清楚地明确了中国特色社会主义进一步发展的目标方向，从而使习近平新时代中国特色社会主义思想显示出深厚的历史感。从一定意义上说，习近平新时代中国特色社会主义思想，就是在总结中华民族文明史、世界社会主义发展史和中国革命、建设和改革的历史经验基础上形成的。

二、习近平新时代中国特色社会主义思想的核心内容和基本方略

（一）习近平新时代中国特色社会主义思想的核心内容

1. 习近平新时代中国特色社会主义思想的核心要义

习近平新时代中国特色社会主义思想的核心要义是坚持和发展中国特色社会主义。党的十八大以来，我们党的全部理论和实践探索都是围绕这个主题来展开、深化和拓展的。对坚持和发展什么样的中国特色社会主义，习近平从理论渊源、历史根据、本质特征、独特优势、强大生命力等多方位多角度作出了深刻回答，强调中国特色社会主义是既坚持科学社会主义基本原则，又具有鲜明实践特色、理论特色、民族特色、时代特色的社会主义，是中国特色社会主义道路、理论、制度、文化辩

证统一的社会主义，是统揽伟大斗争、伟大工程、伟大事业、伟大梦想的社会主义，是根植于中国大地、反映中国人民意愿、适应中国和时代发展进步要求的社会主义。对怎样坚持和发展中国特色社会主义，习近平以一系列战略性、前瞻性、创造性的观点，深刻回答了新时代坚持和发展中国特色社会主义的总目标、总任务、总体布局、战略布局和发展方向、发展方式、发展动力、战略步骤、外部条件、政治保证等基本问题。这些思想观点，在理论上有重大突破、重大创新、重大发展，深刻揭示了新时代中国特色社会主义的本质特征、发展规律和建设路径，为在新的时代条件下坚持和发展中国特色社会主义提供了科学的理论指引。

2. 习近平新时代中国特色社会主义思想的核心内容

习近平新时代中国特色社会主义思想内涵十分丰富，涵盖了经济、政治、法治、科技、文化、教育、民生、民族、宗教、社会、生态文明、国家安全、国防和军队、“一国两制”和祖国统一、统一战线、外交、党的建设等各个方面。其中最重要、最核心的内容就是党的十九大报告概括的“八个明确”。第一，明确坚持和发展中国特色社会主义，总任务是实现社会主义现代化和中华民族伟大复兴，在全面建成小康社会的基础上，分两步走在21世纪中叶建成富强民主文明和谐美丽的社会主义现代化强国。第二，明确新时代我国社会主要矛盾是人民日益增长的美好生活需要和不平衡不充分的发展之间的矛盾，必须坚持以人民为中心的发展思想，不断促进人的全面发展、全体人民共同富裕。第三，明确中国特色社会主义事业总体布局是“五位一体”、战略布局是“四个全面”，强调坚定道路自信、理论自信、制度自信、文化自信。第四，明确全面深化改革总目标是完善和发展中国特色社会主义制度、推进国家治理体系和治理能力现代化。第五，明确全面推进依法治国总目标是建设中国特色社会主义法治体系、建设社会主义法治国家。第六，明确党在新时代的强军目标是建设一支听党指挥、能打胜仗、作风优良的人民军队，把人民军队建设成为世界一流军队。第七，明确中国特色大国外交要推动构建新型国际关系，推动构建人类命运共同体。第八，明确中国特色社会主义最本质的特征是中国共产党领导，中国特色社会主义制度的最大优势是中国共产党领导，党是最高政治领导力量，提出新时代党的建设总要求，突出政治建设在党的建设中的重要地位。这“八个明确”，高度凝练、提纲挈领地点明了习近平新时代中国特色社会主义思想的主要内容。

（二）新时代中国特色社会主义基本方略

习近平新时代中国特色社会主义思想不但明确了新时代坚持和发展什么样的中国特色社会主义，也回答了新时代怎样坚持和发展中国特色社会主义，党的十九大概括为“十四个坚持”，即新时代中国特色社会主义基本方略。

第一，坚持党对一切工作的领导。党政军民学，东西南北中，党是领导一切的。必须增强政治意识、大局意识、核心意识、看齐意识，自觉维护党中央权威和集中统一领导，自觉在思想上政治上行动上同党中央保持高度一致，完善坚持党的领导的体制机制，坚持稳中求进的工作总基调，统筹推进“五位一体”总体布局，协调推进“四个全面”战略布局，提高党把方向、谋大局、定政策、促改革的能力和定力，确保党始终总揽全局、协调各方。

第二，坚持以人民为中心。人民是历史的创造者，是决定党和国家前途命运的根本力量。必须坚持人民主体地位，坚持立党为公、执政为民，践行全心全意为人民服务的根本宗旨，把党的群众路线贯彻到治国理政全部活动之中，把人民对美好生活的向往作为奋斗目标，依靠人民创造历史伟业。

第三，坚持全面深化改革。只有社会主义才能救中国，只有改革开放才能发展中国、发展社会主义、发展马克思主义。必须坚持和完善中国特色社会主义制度，不断推进国家治理体系和治理能力现代化，坚决破除一切不合时宜的思想观念和体制机制弊端，突破利益固化的藩篱，吸收人类文明有益成果，构建系统完备、科学规范、运行有效的制度体系，充分发挥我国社会主义制度的优越性。

第四，坚持新发展理念。发展是解决我国一切问题的基础和关键，发展必须是科学发展，必须坚定不移贯彻创新、协调、绿色、开放、共享的发展理念。必须坚持和完善我国社会主义基本经济制度和分配制度，毫不动摇巩固和发展公有制经济，毫不动摇鼓励、支持、引导非公有制经济发展，使市场在资源配置中起决定性作用，更好发挥政府作用，推动新型工业化、信息化、城镇化、农业现代化同步发展，主动参与和推动经济全球化进程，发展更高层次的开放型经济，不断壮大我国经济实力和综合国力。

第五，坚持人民当家作主。坚持党的领导、人民当家作主、依法治国有机统一是社会主义政治发展的必然要求。必须坚持中国特色社会主义政治发展道路，坚持和完善人民代表大会制度、中国共产党领导的多党合作和政治协商制度、民族区域自治制度、基层群众自治制度，巩固和发展最广泛的爱国统一战线，发展社会主义协商民主，健全民主制度，丰富民主形式，拓宽民主渠道，保证人民当家作主落实到国家政治生活和社会生活之中。

第六，坚持全面依法治国。全面依法治国是中国特色社会主义的本质要求和重要保障。必须把党的领导贯彻落实到依法治国全过程和各方面，坚定不移走中国特色社会主义法治道路，完善以宪法为核心的中国特色社会主义法律体系，建设中国特色社会主义法治体系，建设社会主义法治国家，发展中国特色社会主义法治理论，坚持依法治国、依法执政、依法行政共同推进，坚持法治国家、法治政府、法治社会一体建设，坚持依法治国和以德治国相结合，依法治国和依规治党有机统一，深化司法体制改革，提高全民族法治素养和道德素质。

第七，坚持社会主义核心价值体系。文化自信是一个国家、一个民族在发展中更基本、更深沉、更持久的力量。必须坚持马克思主义，牢固树立共产主义远大理想和中国特色社会主义共同理想，培育和践行社会主义核心价值观，不断增强意识形态领域主导权和话语权，推动中华优秀传统文化创造性转化、创新性发展，继承革命文化，发展社会主义先进文化，不忘本来、吸收外来、面向未来，更好构筑中国精神、中国价值、中国力量，为人民提供精神指引。

第八，坚持在发展中保障和改善民生。增进民生福祉是发展的根本目的。必须多谋民生之利、多解民生之忧，在发展中补齐民生短板、促进社会公平正义，在幼有所育、学有所教、劳有所得、病有所医、老有所养、住有所居、弱有所扶上不断取得新进展，深入开展脱贫攻坚，保证全体人民在共建共享发展中有更多获得感，不断促进人的全面发展、全体人民共同富裕。建设平安中国，加强和创新社会治理，维护社会和谐稳定，确保国家长治久安、人民安居乐业。

第九，坚持人与自然和谐共生。建设生态文明是中华民族永续发展的千年大计。必须树立和践行绿水青山就是金山银山的理念，坚持节约资源和保护环境的基本国策，像对待生命一样对待生态环境，统筹山水林田湖草系统治理，实行最严格的生态环境保护制度，形成绿色发展方式和生活方式，坚定走生产发展、生活富裕、生态良好的文明发展道路，建设美丽中国，为人民创造良好生产生活环境，为全球生态安全作出贡献。

第十，坚持总体国家安全观。统筹发展和安全，增强忧患意识，做到居安思危，是我们党治国理政的一个重大原则。必须坚持国家利益至上，以人民安全为宗旨，以政治安全为根本，统筹外部安全和内部安全、国土安全和国民安全、传统安全和非传统安全、自身安全和共同安全，完善国家安全制度体系，加强国家安全能力建设，坚决维护国家主权、安全、发展利益。

第十一，坚持党对人民军队的绝对领导。建设一支听党指挥、能打胜仗、作风优良的人民军队，是实现“两个一百年”奋斗目标、实现中华民族伟大复兴的战略支撑。必须全面贯彻党领导人民军队的一系列根本原则和制度，确立新时代党的强军思想在国防和军队建设中的指导地位，坚持政治建军、改革强军、科技兴军、依法治军，更加注重聚焦实战，更加注重创新驱动，更加注重体系建设，更加注重集约高效，更加注重军民融合，实现党在新时代的强军目标。

第十二，坚持“一国两制”和推进祖国统一。保持香港、澳门长期繁荣稳定，实现祖国完全统一，是实现中华民族伟大复兴的必然要求。必须把维护中央对香港、澳门特别行政区全面管治权和保障特别行政区高度自治权有机结合起来，确保“一国两制”方针不会变、不动摇，确保“一国两制”实践不变形、不走样。必须坚持一个中国原则，坚持“九二共识”，推动两岸关系和平发展，深化两岸经济合作和文化往来，推动两岸同胞共同反对一切分裂国家的活动，共同为实现中华民族伟大复兴而奋斗。

第十三，坚持推动构建人类命运共同体。中国人民的梦想同各国人民的梦想息息相通，实现中国梦离不开和平的国际环境和稳定的国际秩序。必须统筹国内国际两个大局，始终不渝地走和平发展道路、奉行互利共赢的开放战略，坚持正确义利观，树立共同、综合、合作、可持续的新安全观，谋求开放创新、包容互惠的发展前景，促进和而不同、兼收并蓄的文明交流，构筑尊崇自然、绿色发展的生态体系，始终作世界和平的建设者、全球发展的贡献者、国际秩序的维护者。

第十四，坚持全面从严治党。勇于自我革命，从严管党治党，是我们党最鲜明的品格。必须以党章为根本遵循，把党的政治建设摆在首位，思想建党和制度治党同向发力，统筹推进党的各项建设，抓住“关键少数”，坚持“三严三实”，坚持民主集中制，严肃党内政治生活，严明党的纪律，强化党内监督，发展积极健康的党内政治文化，全面净化党内政治生态，坚决纠正各种不正之风，以零容忍态度惩治腐败，不断增强党自我净化、自我完善、自我革新、自我提高的能力，始终保持党同人民群众的血肉联系。

新时代中国特色社会主义基本方略，是习近平新时代中国特色社会主义思想的重要组成部分，也是落实习近平新时代中国特色社会主义思想的实践要求。这“十四个坚持”，大致可以分为三个层次：一是涵盖坚持和发展中国特色社会主义各领域、各方面的总体实践要求，包括坚持党对一切工作的领导、坚持以人民为中心、坚持全面深化改革。二是涵盖中国特色社会主义“五位一体”总体布局的具体实践要求，包括坚持新发展理念、坚持人民当家作主、坚持全面依法治国、坚持社会主义核心价值体系、坚持在发展中保障和改善民生、坚持人与自然和谐共生。三是涵盖坚持和发展中国特色社会主义保障条件的实践要求，包括坚持总体国家安全观、坚持党对人民军队的绝对领导、坚持“一国两制”和推进祖国统一、坚持推动构建人类命运共同体、坚持全面从严治党。总的来看，这“十四个坚持”，涵盖坚持党的领导和“五位一体”总体布局、“四个全面”战略布局，涵盖国防和军队建设、维护国家安全、对外战略，是对党的治国理政重大方针、原则的最新概括，体现了理论与实践相统一、战略与战术相结合，是实现“两个一百年”奋斗目标、实现中华民族伟大复兴中国梦的路线图和方法论。

习近平新时代中国特色社会主义思想内容十分丰富，涵盖改革发展稳定、内政外交国防、治党治国治军等各个领域、各个方面，构成了一个系统完整、逻辑严密、相互贯通的思想理论体系。“八个明确”是指导思想层面的表述，重点讲的是怎么看，回答的是新时代坚持和发展什么样的中国特色社会主义的问题；“十四个坚持”是行动纲领层面的表述，重点讲的是怎么办，回答的是新时代怎样坚持和发展中国特色社会主义的问题。“八个明确”和“十四个坚持”体现了习近平新时代中国特色社会主义思想理论与实践的统一。

三、习近平新时代中国特色社会主义思想的理论品格

关于习近平新时代中国特色社会主义思想的理论特征或理论品格，党中央和理论界进行了深入分析。刘云山在文章中指出，习近平新时代中国特色社会主义思想呈现出当代中国马克思主义的鲜明理论特色。一是坚守真理、传承文明的继承性，二是与时俱进、引领未来的创新性，三是不忘初心、践行宗旨的人民性，四是实事求是、把握规律的科学性。龚少情、齐卫平认为习近平新时代中国特色社会主义思想体现出来的一种鲜明特质是使命自觉。“这突出地表现在习近平新时代中国特色社会主义思想中所具有的坚定而远大的奋斗目标、深切的忧患意识、直面问题的政治勇气以及以身许国的责任担当。”①辛向阳认为习近平新时

①龚少情、齐卫平：《使命自觉：习近平新时代中国特色社会主义思想的鲜明特征》，《学术探索》2017年第11期，第1页。

代中国特色社会主义思想具有“磅礴的政治大气、强大的自信底气、浓浓的民众地气、乐观的世界朝气”[①]。而中共中央宣传部主编的《习近平新时代中国特色社会主义思想三十讲》指出：习近平新时代中国特色社会主义思想，是“闪耀着理性光辉和人格魅力的科学理论，集中反映着当代中国共产党人的政治品格、价值追求、精神风范”[②]。

具体说来，习近平新时代中国特色社会主义思想具有特色鲜明的理论品格，彰显着坚定的理想信念、真挚的人民情怀、高度的自觉自信、鲜明的问题导向、无畏的担当精神，体现了继承性、创新性和科学性的统一。

第一，这一思想彰显着坚定的理想信念。坚定的信仰信念，是中国共产党人的鲜明政治品格，也是我们党的独特政治优势。习近平新时代中国特色社会主义思想，充满着对马克思主义的坚定信仰，充满着对社会主义、共产主义的坚定信念，充满着“革命理想高于天”的豪迈情怀。这一理论品格，体现了我们党在新时代继承优良传统、传承红色基因的高度自觉，体现了马克思主义的理论底色、共产党人的政治本色。

第二，这一思想体现着真挚的人民情怀。人民立场，是我们党的根本政治立场，是我们党区别于其他政党的显著标志。习近平新时代中国特色社会主义思想，坚持以人民为中心，一切为了人民，一切依靠人民，“人民是历史的创造者，群众是真正的英雄。人民群众是我们力量的源泉”，“人民对美好生活的向往，就是我们的奋斗目标”[③]，这些思想体现了中国共产党人为人民谋幸福、为民族谋复兴的“人民至上

①辛向阳：《深刻把握习近平新时代中国特色社会主义思想的精髓要义与鲜明特征》，《中共杭州市委党校学报》2017年第6期，第4页。

②中共中央宣传部编：《习近平新时代中国特色社会主义思想三十讲》，学习出版社，2018，第7—8页。

③习近平：《习近平谈治国理政》，外文出版社，2014，第4页。

论”，以及实现人民对美好生活向往的“人民幸福论”。

习近平新时代中国特色社会主义思想强调坚持人民主体地位，坚持立党为公、执政为民，践行全心全意为人民服务的根本宗旨，把党的群众路线贯彻到治国理政全部活动之中，把人民对美好生活的向往作为奋斗目标，依靠人民创造历史伟业。“党的十八大以来治国理政的实践，就是从人民反映最强烈的问题开始，无论是全面建成小康社会、全面深化改革，还是全面依法治国、全面从严治党，都是顺应人民群众诉求作出的理性选择。”[①]比如，在论及全面深化改革的出发点和着眼点时，习近平总书记强调：“全面深化改革必须以促进社会公平正义、增进人民福祉为出发点和落脚点。这是坚持我们党全心全意为人民服务根本宗旨的必然要求。全面深化改革必须着眼创造更加公平正义的社会环境，不断克服各种有违公平正义的现象，使改革发展成果更多更公平惠及全体人民。”[②]公平正义是人民对改革的期待，只有通过全面深化改革才能促进权利公平、机会公平、规则公平，让发展成果惠及全体人民。人民利益满足的程度，是评价改革成败的重要尺度。又如，我国社会主要矛盾着眼于人民日益增长的美好生活需要，彰显了以人民为中心的发展理念，表明了对人民利益、人民需要的高度关切。

正是基于人民的立场，习近平新时代中国特色社会主义思想明确提出：中国特色社会主义进入新时代，我国社会主要矛盾已经转化为人民日益增长的美好生活需要和不平衡不充分的发展之间的矛盾。要想解决这一矛盾，就要完善公共服务体系，保障群众基本生活，不断满足人民

①陈金龙：《关于习近平新时代中国特色社会主义思想的若干思考》，《思想理论教育》2017年12期。

②中共中央文献研究室编《十八大以来重要文献选编》（上），中央文献出版社，2014，第552页。

日益增长的美好生活需要，不断促进社会公平正义，形成有效的社会治理、良好的社会秩序，使人民获得感、幸福感、安全感更加充实、更有保障、更可持续。解决这一矛盾，既要创造更多物质财富和精神财富以满足人民日益增长的美好生活需要，也要提供更多优质生态产品以满足人民日益增长的优美生态环境需要。”

第三，这一思想贯穿着高度的自觉自信。一个真正的马克思主义政党，一个坚定的马克思主义者，自觉自信都是其鲜明的内在禀赋和精神特质。习近平新时代中国特色社会主义思想，充满着对传承中华民族五千多年文明的自觉自信，对发扬党的优良传统的自觉自信，对坚持和发展中国特色社会主义的自觉自信，对我们正在做的事情的自觉自信，对党和国家事业革命前景的自觉自信。习近平新时代中国特色社会主义思想强调坚定道路自信、理论自信、制度自信、文化自信，习近平指出：中国特色社会主义道路是实现社会主义现代化、创造人民美好生活的必由之路，中国特色社会主义理论体系是指导党和人民实现中华民族伟大复兴的正确理论，中国特色社会主义制度是当代中国发展进步的根本制度保障，中国特色社会主义文化是激励全党全国各族人民奋勇前进的强大精神力量。习近平新时代中国特色社会主义思想还强调了共产党的自信，习近平指出：我们能够不断提高党的建设质量，把党建设成为始终走在时代前列、人民衷心拥护、勇于自我革命、经得起各种风浪考验、朝气蓬勃的马克思主义执政党；强调强化不敢腐的震慑，扎牢不能腐的笼子，增强不想腐的自觉，通过不懈努力换来海晏河清、朗朗乾坤。正是有了这种高度的自觉自信，这一思想才有这样的大气魄、大视野、大格局，才有这样的理论成熟、战略定力。

第四，这一思想体现着鲜明的问题导向。问题是理论的起点，也是创新理论的动力源。习近平新时代中国特色社会主义思想，深刻回答了新时代党和国家发展面临的一系列重大理论与现实问题，贯穿着强烈的问题意识、鲜明的问题导向。这一思想是在研究问题、解决问题中不断发展完善的，体现了共产党人求真务实的科学态度，展现了马克思主义者勇于创新、奋发有为的精神风貌。比如，关于我国社会主要矛盾的表述，是针对我国发展不平衡不充分的问题而提出来的，体现了敢于面对问题的勇气与解决问题的担当。再如，“四个全面”战略布局是针对全面建成小康社会面临的障碍、全面深化改革需要解决的关键问题、全面依法治国的实践要求、全面从严治党的现实挑战而提出来的。纵览习近平总书记全面从严治党的论述，一个重要特点，就是从问题出发，敢于正视问题，真正地而不是表面地解决问题。习近平总书记多次强调，要以自我革命的政治勇气，着力解决党内存在的突出问题，做到管党有方、治党有力、建党有效果。“关于从严治党，党中央的态度很鲜明，就是要采取一切措施，认真地而不是敷衍地、深入地而不是表皮地解决党内存在的各种矛盾和问题。”[①]实际上，习近平全面从严治党思想的一个逻辑便是坚持问题导向而不是从空洞的概念出发，来构建全面从严治党的战略，把真正解决矛盾问题作为从严治党的重要出发点和落脚点。

第五，这一思想充满着无畏担当精神。担当起该担当的责任，是当代中国共产党人的精神风范和崇高境界。习近平新时代中国特色社会主义思想，始终贯穿着对民族命运的担当、对人民幸福的担当、对管党治党的担当、对美好世界的担当。这种担当是一种现实的担当，扛起一代人应当扛起的责任；这种担当是一种无私的担当，以身许党许国、报党报国；这种担当是一种无畏的担当，党和人民需要的时候，毫不犹豫挺身而出。正因为有了这种担当，这一思想才具有了强大之势，浩然之气。

①中共中央文献研究室编《习近平关于全面从严治党论述摘编》，中央文献出版社，2016，第229页。

习近平新时代中国特色社会主义思想体现了对民族命运和人民幸福的担当。习近平总书记新时代中国特色社会主义有关论述中蕴含着对人民负责、对人民的事业和民族的命运负责的精神。他指出，“人民把权力交给我们，我们就必须以身许党许国、报党报国，该做的事就要做，该得罪的就得得罪……对腐败分子，我们决不能放过去，放过他们就是对人民的犯罪、对党不负责任”[①]。以身许党许国、报党报国，为了国家人民的利益，牺牲自己的生命也在所不惜，这就是责任，就是担当，就是深沉的使命精神。

习近平新时代中国特色社会主义思想体现了对管党治党建党的担当。习近平总书记在论述新时代中国特色社会主义事业必须坚持党的领导时，具有理直气壮的担当态度，体现了无产阶级革命领袖的崇高的使命自觉。2014年中央政治局第16次集体学习时习近平总书记指出：“中国特色社会主义最本质的特征就是坚持中国共产党的领导，中国的事情要办好首先中国共产党的事情要办好。”这从社会主义与党的领导的关系角度，揭示了党的领导的极端重要性。这表明我们要旗帜鲜明地坚持党的领导，因为它是社会主义的本质要求，是国家命脉和人民利益所在。习近平还进一步指出，我们共产党人有责任把党建设好，“这是全党的政治责任，首先是中央政治局的责任”[②]。这体现了我们共产党人的责任担当。

习近平新时代中国特色社会主义思想体现了对美好世界的担当。习近平新时代中国特色社会主义思想，有着广阔的世界视野，站在全球的

①中共中央文献研究室编《习近平关于全面从严治党论述摘编》，中央文献出版社，2016，第185—186页。

②中共中央文献研究室编《习近平关于全面从严治党论述摘编》，中央文献出版社，2016，第6页。

维度考虑和平与发展问题、合作与共赢问题，为世界发展布局谋篇，为人类发展增添强劲动力。这一思想不仅提出，中国特色社会主义进入新时代，在中华人民共和国发展史、中华民族发展史上具有重大意义，在世界社会主义发展史、人类社会发展史上也具有重大意义；而且强调，中国特色社会主义新时代是我国日益走近世界舞台中央、不断为人类作出更大贡献的时代。这一思想一方面强调积极参与全球环境治理，落实减排承诺，为全球生态安全作出贡献；另一方面强调我们完全有信心、有能力把我国社会主义民主政治的优势和特点充分发挥出来，为人类政治文明进步作出充满中国智慧的贡献。

第六，这一思想体现了继承性、创新性和科学性的统一。这就是"坚守真理、传承文明的继承性"，"与时俱进、引领未来的创新性"，"实事求是、把握规律的科学性"。①一是坚守真理、传承文明的继承性。习近平新时代中国特色社会主义思想没有丢掉老祖宗，始终坚持马克思主义立场观点方法，处处闪耀着马克思主义真理光辉。特别是在许多重大原则问题上旗帜鲜明地坚持和捍卫马克思主义，理直气壮驳斥各种奇谈怪论。这一思想继承和吸收了中华民族优秀传统文化，蕴含着丰富的中华民族价值共识、精神追求、政治智慧、历史经验。这一思想，充分吸收人类文明有益成果，积极借鉴别国治国理政经验，展现出宽广视野和博大胸怀。二是与时俱进、引领未来的创新性。习近平新时代中国特色社会主义思想以我们正在做的事情为中心，直面前进道路上的各种困难和矛盾、风险和挑战，着力探索破解难题、推进事业发展的新理念新思想新战略，讲了许多老祖宗没有讲过的新话，具有强烈的时代气息和现实针对性。这一思想洞察时代风云，把握时代大势，站在人

①刘云山：《深入学习贯彻习近平新时代中国特色社会主义思想》，《人民日报》2017年11月6日第2版。

类发展前沿引领时代潮流，积极探索关系人类前途命运的重大问题，为应对当今世界面临的全球性挑战、解决人类面临的共性问题贡献了中国智慧和中国方案。三是实事求是、把握规律的科学性。习近平新时代中国特色社会主义思想立足社会主义初级阶段这个最大实际，准确把握我国发展的阶段性特征和我国社会主要矛盾的新变化，坚持一切从实际出发，勇于破除一切不合时宜的思想观念和体制机制弊端。这一思想积极探索规律、自觉遵循规律，按照客观规律要求谋划事业发展，正确处理尊重客观规律与发挥主观能动性的关系，使我们党对共产党执政规律、社会主义建设规律、人类社会发展规律的认识达到了新的高度。

四、习近平新时代中国特色社会主义思想的价值地位

习近平新时代中国特色社会主义思想，是马克思主义中国化的最新成果，是中国特色社会主义理论体系的重要组成部分，是21世纪的马克思主义，具有重大的理论意义、实践意义、世界意义。

（一）这一思想是马克思主义中国化的最新成果

习近平新时代中国特色社会主义思想开辟了马克思主义新境界。习近平新时代中国特色社会主义思想坚持马克思主义的立场、观点和方法，研究新时代中国特色社会主义建设的理论与实践问题，用一系列的新思想新观点新论断，对马克思主义在21世纪的发展作出了重要贡献，进一步深化了对共产党执政规律、社会主义建设规律和人类社会发展规律的认识，是马克思主义中国化的最新成果。

第一，坚持和发展了马克思主义的价值观。习近平新时代中国特色

社会主义思想是以人民为中心，坚持把人民对美好生活的向往作为奋斗目标的新思想。而以人民为中心的思想反映了马克思主义的价值观。坚持人民利益高于一切是马克思主义的根本立场。自从马克思主义诞生以来，所倡导的价值观代表着绝大多数人的利益，剥夺那些少数人利用生产资料的占有而无偿地获取和奴役大多数人的劳动果实的权力。正如马克思所说的“共产主义并不剥夺任何人占有社会产品的权力，它只剥夺利用这种占有去奴役他人劳动的权力”①。马克思主义的价值观被中国共产党成功实践。全心全意为人民服务成为我们党最根本的价值追求。中国共产党成立98年以来尤其是执政70年以来所走过的历史，就是以人民对美好生活的向往作为奋斗目标的历史。这一历史过程表明，只有为人民并且依靠人民求解放，求发展，中国的革命、建设和改革才能取得成功。现在中国特色社会主义正进入新时代，习近平新时代中国特色社会主义思想，将引领中国人民在站起来、富起来的征程中最终走向强起来。这个过程将是一场以人民群众对美好生活的向往为奋斗目标的伟大过程。习近平以“人民对美好生活的向往”为奋斗目标的思想，将马克思主义的价值观创造性地运用于新时代中国特色社会主义的具体实践，是对马克思主义的价值观在新的历史条件下的继承和发展。

第二，丰富和发展了马克思主义方法论。习近平新时代中国特色社会主义思想，丰富和充实了马克思主义方法论宝库。“统筹推进‘五位一体’总体布局，协调推进‘四个全面’战略布局的顶层设计和科学发展的‘五大理念’，高超地将马克思主义社会系统结构总体方法论和人与自然协调的总体性原则运用于整个国家的宏观布局、宏观推进之中；以钉钉子的精神，既尽力而为，又量力而行，一件事情接着一件事情

①《马克思恩格斯选集》（第一卷），人民出版社，1995，第288页。

办，一年接着一年干的实干精神和工作方法，不仅充分体现马克思主义坚韧不拔的实践精神，更是马克思主义矛盾分析法（发展论与阶段论的有机统一、‘重点论’与‘两点论’的有机统一等）的高超运用”[①]，这些都表明，习近平新时代中国特色社会主义思想，在理论与实践相结合的基础上，进一步丰富和发展了马克思主义方法论。

（二）这一思想是新时代中国共产党人的精神旗帜

旗帜问题至关重要，事关党的正确方向，决定着党的凝聚力、引领力、战斗力，关乎国家前途命运和人民根本利益。正如毛泽东所指出的，主义譬如一面旗子，旗子立起了，大家才有所期望，才知所趋赴。在革命、建设、改革的实践中，我们党大力推进马克思主义中国化，先后形成了毛泽东思想、邓小平理论、“三个代表”重要思想、科学发展观等重大理论创新成果，指引我们夺取一个又一个伟大胜利。今天，我们党作为一个拥有8900多万名党员，在有着13亿多人口的大国长期执政的大党，将在习近平新时代中国特色社会主义思想的指引下，继续前进。有了习近平新时代中国特色社会主义思想这面旗帜，全党思想上精神上就有了鲜明的时代标识，党的团结统一就有了思想根基，带领全国人民奋勇前进就有了正确方向。习近平新时代中国特色社会主义思想丰富了中国特色社会主义精神。首先是坚定信念的执着精神，习近平特别强调坚定理想信念的重要作用，指出“理想指引人生方向，信念决定事业成败。没有理想信念，就会导致精神上‘缺钙’”[②]。其次是执政为民

①胡承槐、王侃：《科学理解习近平新时代中国特色社会主义思想的重大意义》，《浙江社会科学》2017年第11期。

②中共中央文献研究室编《习近平关于实现中华民族伟大复兴的中国梦论述摘编》，中央文献出版社，2013，第37页。

的服务精神。习近平在十九大报告中提到“人民”一词203次，并郑重宣示“带领人民创造美好生活，是我们党始终不渝的奋斗目标”[①]。此外还有开拓创新的进取精神、求真务实的实干精神等。这些精神都将继续激励党和人民勇往直前。

（三）这一思想是中华民族伟大复兴的行动指南

习近平新时代中国特色社会主义思想是决胜全面建成小康社会，进而全面建设社会主义现代化强国、实现中华民族伟大复兴的行动指南。

第一，习近平新时代中国特色社会主义思想为新时代建设中国特色社会主义提供了新的思想武器。首先，关于中国特色社会主义进入新时代的理论。十九大报告中，习近平向全世界郑重宣示：“中国特色社会主义进入了新时代。”这一重大政治判断明确了中国发展新的历史方位，赋予党的历史使命、理论遵循、目标任务以新的时代内涵，为全党全国人民深刻把握当代中国发展变革的新特征进而落实于新时代中国特色社会主义事业上，提供了时代坐标和科学依据。其次，关于新时代坚持和发展什么样的中国特色社会主义的理论。这一理论明确了新时代坚持和发展中国特色社会主义的总任务、主要矛盾、总体布局和战略布局以及新时代党的建设总要求。这“八个明确”内涵丰富，形成了一个逻辑严密、内涵丰富的科学理论体系。再次，关于怎样坚持和发展中国特色社会主义的理论。党中央进一步提出坚持和发展中国特色社会主义的十四个基本方略，这十四个基本方略是党在新时代的行动纲领。“八个明确”和“十四个坚持”相辅相成，相互补充，共同构成了习近平新时代中国特色社会主义思想的主要内容，“为新时代坚持和发展中国特色

①习近平：《决胜全面建成小康社会　夺取新时代中国特色社会主义伟大胜利——在中国共产党第十九次全国代表大会上的报告》，人民出版社，2017，第45页。

社会主义提供了新的思想武器，为决胜全面建成小康社会，进而建设社会主义现代化强国、实现中华民族的伟大复兴提供了理论保证”①。

第二，习近平新时代中国特色社会主义思想为新时代治国理政提供了理论指导。没有国家治理现代化，就没有中华民族的伟大复兴。党的十八大以来，以习近平为核心的新一届中央领导集体，高度重视国家治理，提出了实现国家治理体系和治理能力现代化的新任务和新要求。这一思想明确提出了现代化的国家治理体系，即在党的领导下管理国家的制度体系，习近平指出："国家治理体系是在党领导下管理国家的制度体系，包括经济、政治、文化、社会、生态文明和党的建设等各领域体制机制、法律法规安排，也就是一整套紧密相连、相互协调的国家制度。"②这一思想还明确了党在国家治理体系和治理能力现代化中的领导作用；明确坚持人民主体地位，发挥人民群众在国家治理中的积极作用；明确法治是国家治理的基本方式；明确国家治理的主要任务是完善和发展中国特色社会主义制度。为了实现国家治理现代化的基本目标，以习近平为核心的党中央从多个方面作出具体部署：要以改革、完善和发展中国特色社会主义制度为重点，以保证人民当家作主为根本，以建设社会主义法治国家为抓手，以创新社会治理体制机制为关键，以培育和弘扬社会主义核心价值体系和核心价值观为先导，以坚持和改善党的领导为前提。总的来说，这一思想为不断完善中国特色社会主义制度，推进国家治理体系和治理能力的现代化提供了基本遵循。

第三，习近平新时代中国特色社会主义思想为全面从严治党、把党建设成为中国特色社会主义事业的坚强领导核心提供了强大思想武器。

①肖贵清：《习近平新时代中国特色社会主义思想的重大意义》，《中共中央党校学报》2017年第6期。

②习近平：《把握全面深化改革总目标》，《人民日报》2013年11月16日。

治国必先治党，治党务必从严。实现民族复兴，关键在党。党的十八大以来，习近平总书记坚持党要管党、从严治党，以“打铁必须自身硬”的信念，就加强党的自身建设提出了一系列新观点，形成了党的建设思想。首先，提出了全面从严治党的思想。习近平总书记上任伊始，就态度鲜明地提出：“我们的责任，就是同全党同志一道，坚持党要管党、从严治党。”[①]在全国组织工作会议上习近平总书记再次指出：“党要管党，才能管好党；从严治党，才能治好党。”[②]在江苏考察时习近平总书记将“全面从严治党”上升到“四个全面”战略布局的高度。在党的十九大报告中，习近平总书记深刻指出，“打铁必须自身硬”，“全面从严治党永远在路上”，“推动全面从严治党向纵深发展”。[③]这表明全面从严治党已经成为新时代建设新的伟大工程的重要抓手。其次，这一思想强调全面加强党的领导，强调党是最高政治领导力量，党是领导一切的，坚持党中央权威和集中统一领导，要增强政治意识、大局意识、核心意识、看齐意识，确保党始终总揽全局、协调各方。再次，这一思想着眼于保持党的先进性和纯洁性、克服“四大考验”“四种危险”，明确了新时代党的建设总要求，强调以政治建设为统领，坚持思想建党和制度治党相结合，全面推进党的政治建设、思想建设、组织建设、作风建设、纪律建设，以零容忍态度惩治腐败，形成了系统完备的党建理论体系。第四，这一思想将践行群众路线作为新时代党的建设伟大工程取得成效的标准。群众路线是我们党的生命线和根

①中共中央文献研究室编：《十八大以来重要文献选编》（上），中央文献出版社，2014，第70页。

②中共中央文献研究室编：《十八大以来重要文献选编》（上），中央文献出版社，2014，第349页。

③习近平：《决胜全面建成小康社会　夺取新时代中国特色社会主义伟大胜利——在中国共产党第十九次全国代表大会上的报告》，人民出版社，2017，第61页。

本工作路线，是党加强自身建设的根本点和实践基础。党的十八大以来，习近平总书记高度重视践行群众路线，将党的一切工作的出发点和落脚点放在人民群众对美好生活的需求上，强调“人民对美好生活的向往，就是我们的奋斗目标”①；将党的一切工作的力量源泉放在人民群众之中，强调“要从人民伟大实践中汲取智慧和力量”②；将党执政的最大危险看作是脱离群众的危险，强调“党的作风关系党的形象，关系人心向背，关系党的生死存亡”③。在党的十九大报告中，习近平总书记深刻指出：“人民群众反对什么、痛恨什么，我们就要坚决防范和纠正什么。”④总之，这一思想为新时代推进全面从严治党向纵深发展提供了思想武器。我们要以这一思想为指导，进一步推进党的建设新的伟大工程，“确保党在世界形势深刻变化的历史进程中始终走在时代前列，在应对国内外各种风险和考验的历史进程中始终成为全国人民的主心骨，在坚持和发展中国特色社会主义的历史进程中始终成为坚强领导核心”。

（四）这一思想为世界文明进步提供了中国智慧和中国方案

20世纪70年代末，世界走向了以和平与发展为主题的时代。人类社会进入大发展大变革大调整大合作的历史进程。这是发达国家进行革新改良发展的新时代，也是不发达国家探索新的发展道路和发展模式，走向发达和富裕的时代。中国进入了新时代中国特色社会主义，也承担起

①中共中央文献研究室编《十八大以来重要文献选编》（上），中央文献出版社，2014，第70页。

②中共中央文献研究室编《十八大以来重要文献选编》（上），中央文献出版社，2014，第81页。

③习近平：《全面贯彻落实党的十八大精神要突出抓好六个方面工作》，《求是》2013年第1期，第6页。

④习近平：《决胜全面建成小康社会　夺取新时代中国特色社会主义伟大胜利——在中国共产党第十九次全国代表大会上的报告》，人民出版社，2017，第61页。

21世纪社会主义发展的历史任务。正如党的十九大报告所指出的："中国特色社会主义进入新时代，意味着近代以来久经磨难的中华民族迎来了从站起来、富起来到强起来的伟大飞跃，迎来了实现中华民族伟大复兴的光明前景；意味着科学社会主义在二十一世纪的中国焕发出强大生机活力，在世界上高高举起了中国特色社会主义伟大旗帜；意味着中国特色社会主义道路、理论、制度、文化不断发展，拓展了发展中国家走向现代化的途径，给世界上那些既希望加快发展又希望保持自身独立性的国家和民族提供了全新选择，为解决人类问题贡献了中国智慧和中国方案。"①

第一，习近平新时代中国特色社会主义思想，为21世纪不发达国家开创新的发展道路和制度模式等根本问题提供了中国智慧、中国回答。目前，全世界有130多个发展中国家，遍布亚洲、非洲、拉丁美洲及其他地区，占世界陆地面积和总人口的70%以上。在寻求现代化的道路上，发展中国家有着相似的历史遭遇和共同的历史使命。作为最大的发展中国家，中国与其他发展中国家的发展背景极为相似。从新民主主义革命胜利、新中国成立，到改革开放、中国特色社会主义进入新时代，中国人民走出了一条完全不同于西方的现代化道路。中国道路已经得到越来越多的政要、学者和媒体的关注和认可。早在2004年，时任联合国秘书长的安南在接受记者提问时说："中国依靠独特模式实现发展的有益经验的确值得其他国家，特别是发展中国家借鉴。"②这条路证明了世界现代化道路的多样性，结束了西方模式就是唯一发展模式的狭隘历史观。

习近平新时代中国特色社会主义思想为发展中国家提供了一种可借

①习近平：《决胜全面建成小康社会　夺取新时代中国特色社会主义伟大胜利——在中国共产党第十九次全国代表大会上的报告》，人民出版社，2017，第10页。

②庞元正：《科学发展观基本问题研究》，人民出版社，2012，第33页。

鉴的发展理念，为探索更好的发展模式提供了中国经验。比如，“不拘泥那些具体的现成公式，在社会主义本质论的基础上把人民对美好生活的向往作为社会主义的根本目标，把为中国人民谋幸福、为中华民族谋复兴作为伟大使命”①。贯彻“创新、协调、绿色、开放、共享”的五大新发展理念，实施经济、政治、文化、社会、生态文明“五位一体”的现代化建设治理体系和格局，开辟了一条以缩小贫富差距、实现共同富裕为价值取向的现代化之路。中国道路所取得的成就在世界已经产生了强烈的示范效应，不仅决定了中国的命运，而且也丰富了世界发展模式，为世界人民经由自己选择的历史道路走向现代化文明，提供了方案。

第二，习近平新时代中国特色社会主义思想体现了中华优秀传统文化的价值和魅力，为解决人类问题贡献了中国智慧。21世纪的人类发展面临诸多问题，涉及政治、经济、文化等各个领域，这些矛盾和问题仅靠西方逻辑和思维无法得到有效解决，而习近平新时代中国特色社会主义思想依托深厚的中华优秀传统文化底蕴，为人类问题的解决贡献了中国智慧。例如，面对当前复杂的国际形势，“人类命运共同体”倡议对传统文化“和合理念”进行了传承与创新，体现了中华优秀传统文化“以和为贵”的思想。同时，强调合作中的各项法律必须讲究公平正义，不能搞双重标准，希望国际公约和法律要“真正做到‘无偏无党，王道荡荡’”②既强调和平、主张合作，又注重合作中的普惠、公平，摒弃过时的零和博弈思维，使传统“和合理念”在当代得到了创新性发展。习近平指出：“只要秉持包容精神，就不存在什么‘文明冲突’，

①奚广庆：《科学社会主义在21世纪中国焕发出强大生机活力——习近平新时代中国特色社会主义思想世界历史意义》，《党政研究》2018年第2期。

②习近平：《习近平主席在出席世界经济论坛2017年年会和访问联合国日内瓦总部时的演讲》，人民出版社，2017，第23页。

就可以实现文明和谐。”[①]中华优秀传统文化倡导的重义轻利和共享理念，为建立公正、合理、和谐的国际秩序和全球治理体系提供了新的思路。当前经济发展过程中存在着环境污染的问题，而中华优秀传统文化中的天人合一、道法自然等主张则反映了人与自然和谐相处的观点，习近平总书记在此基础上，提出“绿水青山就是金山银山。我们应该遵循天人合一、道法自然的理念，寻求永续发展之路”[②]，为世界正确处理人与自然的关系提供了借鉴。面对贫富差距带来的社会问题，习近平对中华传统文化中“不患寡而患不均”的思想进行了创造性转化，既继承传统文化中的公平正义精神，又克服其绝对平均主义的局限性，提出了“共享”发展理念，为人类走向共享发展提供了思路。

第三，习近平新时代中国特色社会主义思想为实现全球治理提供了中国方案。习近平新时代中国特色社会主义思想不仅推动了中国社会的发展进步，而且为实现全球治理提供了中国方案。其中最具代表性的是进行全球治理体系变革和“一带一路”倡议。中国提出了变革全球治理体系的倡议。现行全球治理体系弊端多，不能满足世界发展的需要，必须进行变革。一是现行治理体系很难防止和制约霸权主义、强权政治；二是平等协商的体制机制不健全，西方大国在全球事务和地区事务中拥有广泛的发言权和决定权，广大发展中国家基础差，发展较慢，在很多领域被边缘化，在国际事务中缺少发言权、参与权和决策权。针对上述情况，习近平新时代中国特色社会主义思想提出了把构建人类命运共同体作为全球治理体系变革的长远目标，建设持久和平、普遍安全、共

①习近平：《习近平在联合国教科文组织总部发表演讲》，《人民日报》2014年3月28日，第1版。

②习近平：《习近平主席在出席世界经济论坛2017年年会和访问联合国日内瓦总部时的演讲》，人民出版社，2017，第29页。

同繁荣、开放包容、清洁美丽的世界。还提出共商共建共享的全球治理观，倡导国际关系民主化，坚持国家不分大小、强弱、贫富一律平等，支持扩大发展中国家在国际事务上的代表性和发言权。“一带一路”倡议是中国促进沿线各国共同发展的重要战略规划，它以政策沟通为重要保障，以基础设施互联互通为优先领域，以投资贸易合作为重点内容，以资金融通为重要支撑，以民心相通为社会根基，努力打造开放、包容、均衡、普惠的区域合作架构，将各国利益与中国快速发展的经济更好地结合起来，形成互利互助的共建平台，使各国都能享受到中国经济发展带来的机遇和红利，推动各国共同发展。中国提出“一带一路”倡议以来，得到了全球140多个国家和80多个国际组织的经济支持和参与，已经成为新时期推动全球发展合作的机制化平台。“丰硕的成果表明，‘一带一路’倡议顺应时代潮流，适应发展规律，符合各国人民利益，具有广阔前景。”[①]

第四，习近平新时代中国特色社会主义思想为世界社会主义发展坚定了信心。

习近平新时代中国特色社会主义思想“深入思考21世纪的时代问题和时代任务，以深远的时代眼光和宽广的世界眼光审视马克思主义创新发展的理论需要与实践需要”[②]，展现了科学社会主义理论和社会主义制度的优越性，极大地鼓舞了人们对世界社会主义运动的信心。

在世界社会主义运动处于低潮的国际环境下，作为当今世界上最大的社会主义国家，中国坚守着科学社会主义的阵地，坚持以马克思主义为指导，坚定不移地走社会主义道路，推动中国特色社会主义道路、理

①《习近平谈治国理政》（第二卷），外文出版社，2017，第511页。

②姜辉：《新时代中国特色社会主义对世界社会主义的重大贡献（深入学习贯彻习近平新时代中国特色社会主义思想）》，《人民日报》2018年5月22日，第9版。

论、制度、文化不断发展，成功走出了一条独具特色的发展道路，这条道路，是中国通过自身建设以及破解现代化进程中的普遍性问题，超越西方现代化，超越自身既有经验，带领中国人民开创的中国特色社会主义道路。中国共产党人对更好社会制度的探索为人类提供了一种全新的选择，而且改变了当今世界社会主义与资本主义力量对比关系严重失衡的局面，以实际行动挽救和捍卫了科学社会主义；以中华民族伟大复兴扩大了社会主义理念在当代文明中的影响力和感召力，使世界社会主义逐渐走出低谷迈向振兴。

第七章
中国特色社会主义理论体系的基本特征和当代价值

一、中国特色社会主义理论体系的基本特征

中国特色社会主义理论体系是同马克思列宁主义、毛泽东思想既一脉相承又与时俱进的科学理论体系，具有鲜明的实践性、整体性、民族性、时代性、科学性、意识形态性、开放性和价值取向的人民性。

（一）鲜明的实践性

实践性是中国特色社会主义理论体系的本质特征。在理论与实践的双重互动过程中实现理论创新，是中国特色社会主义理论体系产生、形成、发展和永葆生机活力的源泉与不竭动力，也是中国特色社会主义理论体系科学性、开放性和创理性的基础。中国特色社会主义理论体系就是在改革开放和社会主义现代化建设实践中形成发展起来的，是依据实事求是这个精髓，在及时总结中国特色社会主义建设的实践经验基础上的理论概括。

首先，实践性特征体现在中国特色社会主义理论体系是对改革开放和社会主义现代化建设实践经验的总结。党的十一届三中全会的召开，

开启了中国社会主义现代化建设历史新时期。改革开放和建设与发展中国特色社会主义的伟大实践，是中国特色社会主义理论体系最深厚的实践源泉。中国特色社会主义理论体系的理论创新主题就来源于实践主题。党的十一届三中全会以后，我们党在总结正反两方面经验的基础上，开辟了中国特色社会主义道路。从此，建设和发展中国特色社会主义，成为中国共产党带领人民创造幸福生活的实践主题。这一实践主题也就成为中国特色社会主义理论体系的理论主题。我们党在实践和理论上提出了“什么是社会主义、怎样建设社会主义”的问题，并在领导建设中国特色社会主义的实践中，正确回答了这一基本问题，创立了邓小平理论。世纪之交，随着建设中国特色社会主义实践的发展，不仅需要深化“什么是社会主义、怎样建设社会主义”的认识，而且在推进党的建设新的伟大工程中，必须解决好进一步提高党的领导水平和执政水平、提高拒腐防变和抵御风险的能力这两大历史性课题。我们党正是围绕这两大历史性课题，在推进党的建设的实践探索中，科学回答了“建设什么样的党、怎样建设党”的问题，创立了“三个代表”重要思想。新世纪新阶段，我国发展呈现一系列新的阶段性特征，经济社会发展进入一个关键时期。我们党深刻把握发展中国特色社会主义实践中面临的新课题新矛盾，总结我国发展实践，借鉴国外发展经验，科学回答了“实现什么样的发展、怎样发展”的问题，提出了科学发展观。党的十八大以来，中国特色社会主义进入了新时代，我们面临着新时代坚持和发展什么样的中国特色社会主义、怎样坚持和发展中国特色社会主义的实践主题。围绕着这个实践主题，党中央提出了习近平新时代中国特色社会主义思想。

其次，实践性特征体现在中国特色社会主义理论体系始终坚持实事求是，并以此作为理论精髓和精神实质。

所谓精髓，对于某一理论而言，指的是能使这一理论得以形成和发展并贯穿其始终，同时又体现在这一理论体系各个基本观点中的世界观和方法论的基础。实事求是是中国特色社会主义理论体系的精髓。中国特色社会主义理论体系的一系列重要观点都贯彻和体现了实事求是。例如，邓小平的社会主义本质理论正是在实事求是地考察了我国和其他国家社会主义建设经验教训基础上提出来的，这一理论也将我们对社会主义的认识提高到一个新的科学水平。社会主义市场经济理论的提出，也是以邓小平为代表的党中央在实事求是地分析总结我国改革开放的实践经验基础上提出的。党的十九大对新时代我国社会主要矛盾的概括，也是遵循实事求是的精髓，是对我国社会生产和人民需要出现的阶段性新特征作出的回应。其主要依据有：一是经过改革开放40年的发展，我国社会生产力总体上显著提高，这说明，我国进入社会主义初级阶段以来的"落后的社会生产"已经发生了新的阶段性变化。二是人民生活水平显著提高，人民群众对美好生活的向往更加强烈，这表明人民群众对于日益增长的"物质文化需要"层次更高，内容范围更广，出现了新的阶段性特征。三是影响满足人们美好生活需要的主要因素是发展的不平衡不充分问题。正是基于对以上阶段性变化的实事求是的分析，党的十九大作出了我国社会主要矛盾变化的新判断，提出我国社会主要矛盾已经转化为人民日益增长的美好生活需要和不平衡不充分的发展之间的矛盾。

再次，实践性特征体现在中国特色社会主义理论体系始终坚持马克思主义的群众观点和群众路线，将人民群众的实践创造作为中国特色社会主义理论体系的实践源泉。

马克思主义的群众史观和群众路线认为人民群众是历史的创造者，也是社会实践的主体。中国共产党坚持马克思主义的群众观点和群众路线，坚定站在最广大人民的立场上，努力践行全心全意为人民服务的根本宗旨，并尊重人民群众的首创精神，将人民群众的实践创造作为中国特色社会主义理论体系的实践源泉。

改革开放40年来，以邓小平、江泽民、胡锦涛、习近平为代表的中国共产党人，把马克思主义群众史观同中国改革开放和社会主义现代化建设的具体实践相结合，进一步发展了马克思主义的群众观点和群众路线，深刻论述了人民群众是历史的创造者和中国特色社会主义的实践主体，人民群众是中国特色社会主义实践发展的力量源泉，实现最广大人民的根本利益是检验中国特色社会主义实践成功和改革开放的得失成败的根本标准。“文化大革命”结束后，以邓小平为核心的党的第二代中央领导集体恢复和发扬了马克思主义的群众路线。邓小平指出：“群众是我们力量的源泉，群众路线和群众观点是我们的传家宝。党的组织、党员和党的干部，必须同群众打成一片，绝对不能同群众相对立。如果哪个党组织严重脱离群众而不能坚决改正，那就丧失了力量的源泉，就一定要失败，就会被人民抛弃。全党同志，各级干部，特别是领导干部，必须经常记住这一点，经常用这个标准检查自己的一切言行。”[①]江泽民强调：“我们党来自人民，植根于人民，服务于人民。建设有中国特色社会主义全部工作的出发点和落脚点，就是全心全意为人民谋利益。”[②]在党的十八大，胡锦涛提出在新的历史条件下夺取中国特色社会主义新胜利，必须牢牢把握的八项基本要求，其中将“必须坚持人民主体地位”放在第一条，强调指出：“必须坚持人民主体地位。中国特色社会主义是亿万人民自己的事业，要发挥人民主人翁精神，坚持依法治

①《邓小平文选》（第二卷），人民出版社，1994，第368页。

②中共中央文献研究室编《江泽民论有中国特色社会主义》（专题摘编），中央文献出版社，2002，第639页。

国这个党领导人民治理国家的基本方略，最广泛地动员和组织人民依法管理国家事务和社会事务，管理经济和文化事业、积极投身社会主义现代化建设，更好保障人民权益，更好保证人民当家作主。”[①]习近平在党的十九大报告中指出，“坚持以人民为中心。人民是历史的创造者，是决定党和国家前途命运的根本力量。必须坚持人民主体地位，坚持立党为公、执政为民，践行全心全意为人民服务的根本宗旨，把党的群众路线贯彻到治国理政全部活动之中，把人民对美好生活的向往作为奋斗目标，依靠人民创造历史伟业”[②]。

再次，中国特色社会主义理论体系始终坚持理论来源于实践又指导实践，坚持实践是认识的最终目的。

中国特色社会主义理论体系的创立和发展的过程，实际上也就是总结中国特色社会主义实践经验的过程，同时也是用中国特色社会主义理论体系指导和推动改革发展的过程。同时，新鲜生动的伟大实践又在检验着新的理论，有力地证明了中国特色社会主义理论体系的科学真理性。十一届三中全会以来，中国共产党的历次代表大会，都在对改革开放进行阶段性经验总结的基础上，对中国特色社会主义理论体系作出新的理论概括。从邓小平理论、“三个代表”重要思想、科学发展观再到习近平新时代中国特色社会主义思想，都在不断实现马克思主义的与时俱进，推进马克思主义中国化的历史进程，谱写马克思主义中国化的历史新篇章。同时，又强调用科学理论武装全党，教育人民，指导实践，推动工作开展。如党的十五大提出认真学习建设有中国特色社会主义的

①胡锦涛：《坚定不移沿着中国特色社会主义道路前进　为全面建成小康社会而奋斗——在中国共产党第十八次全国代表大会上的报告》，人民出版社，2012，第14页。

②习近平：《决胜全面建成小康社会　夺取新时代中国特色社会主义伟大胜利——在中国共产党第十九次全国代表大会上的报告》，人民出版社，2017，第21页。

理论；党的十六大提出兴起学习贯彻“三个代表”重要思想新高潮；党的十七大提出深入学习贯彻中国特色社会主义理论体系，深入学习实践科学发展观；党的十八大提出用中国特色社会主义理论体系武装全党，教育人民，围绕保持党的先进性和纯洁性，在全党深入开展以为民、务实、清廉为主要内容的党的群众路线教育实践活动。党的十九大提出习近平新时代中国特色社会主义思想，是中国特色社会主义理论体系的重要组成部分，是全党全国人民为实现中华民族伟大复兴而奋斗的行动指南，全党要深刻领会习近平新时代中国特色社会主义思想的精神实质和丰富内涵，在各项工作中全面准确贯彻落实。

（二）突出的整体性

中国特色社会主义理论体系，包括邓小平理论、“三个代表”重要思想、科学发展观、习近平新时代中国特色社会主义思想等重大战略思想。尽管它们形成于不同的历史时期，具有不同的侧重点，但它们却是一个有机统一的整体理论体系，涵盖了经济、政治、文化、社会、生态文明和党的建设等各个领域，体现在改革发展稳定、内政外交国防、治党治国治军各个方面，是一个系统的完整的科学理论体系，从整体上揭示了共产党执政规律、社会主义建设规律和人类社会发展规律，具有整体性。

1. 中国特色社会主义理论体系具有共同的理论主题

中国特色社会主义理论体系所包含的各个重大战略思想虽然各有侧重，但是它们都从整体上回答了共同的理论问题，这就是“什么是马克思主义、怎样对待马克思主义”，“什么是社会主义、怎样建设社会主义”，“建设什么样的党、怎样建设党”，“实现什么样的发展、怎样发展”，并形成了一系列创新成果。

2. 中国特色社会主义理论体系具有共同的理论来源

中国特色社会主义理论体系是对马克思主义、毛泽东思想的继承和发展，是一个整体体系。这种坚持和发展体现在对马克思主义基本原理的继承和发展、精髓的继承和发展、奋斗目标的继承和发展上。

首先在基本原理的继承发展上，比如在关于社会主义的本质问题上，邓小平理论运用唯物主义辩证法、矛盾的观点和实践的观点，从生产力和生产关系相结合的角度创造性地进行了新的概括，提出“社会主义的本质，是解放生产力，发展生产力，消灭剥削，消除两极分化，最终达到共同富裕”①。“三个代表”重要思想提出的关于实现好、维护好、发展好最广大人民的根本利益的思想就是对马克思主义人民立场的发展。中国特色社会主义理论体系继承和坚持了毛泽东思想的理论资源。比如，中国特色社会主义理论体系继承了毛泽东思想中有关社会主义社会矛盾理论、社会主义的建设规律和经验、中国式的工业化和现代化思路、中国社会主义建设应处理好的各种关系，等等。中国特色社会主义理论体系还继承了毛泽东思想中的其他基本理论，如社会主义的国体政体思想、社会主义的民族政策、社会主义的宗教政策。

其次，在精髓的继承和发展上，解放思想、与时俱进、求真务实就是对马克思主义基本原则和毛泽东思想的精髓实事求是思想的继承和发展。

再次，在奋斗目标的继承和发展上，马克思主义和毛泽东思想确立的奋斗目标是建立无产阶级专政，经过社会主义建设阶段，最终实现共产主义。而中国特色社会主义理论体系确定的建设富强、民主、文明、和谐、美丽的社会主义现代化强国以及“三步走”的发展战略就是在中国实际的基础上对奋斗目标的具体化。

---

①《邓小平文选》（第三卷），人民出版社，1993，第373页。

3. 从整体上深化和丰富了对共产党执政规律的认识

邓小平理论、“三个代表”重要思想、科学发展观、习近平新时代中国特色社会主义思想围绕着“建设什么样的党、怎样建设党”，进一步深化和丰富了对共产党执政规律的认识。以邓小平为核心的第二代中央领导集体，根据我国改革开放和社会主义现代化建设的具体实践，紧紧围绕“要把我们党建设成为有战斗力的马克思主义政党，成为领导全国人民进行社会主义物质文明和精神文明建设的坚强核心”这一目标，从党的思想、政治、组织、制度、作风等方面提出全面坚持和改善党的领导的一系列新思想、新观点。以江泽民为核心的党的第三代中央领导集体在党的建设理论的基础上进一步丰富和发展，提出“三个代表”是我们党的立党之本、执政之基、力量之源；提出要增强党的阶级基础，扩大党的群众基础，使党始终成为中国工人阶级、中国人民和中华民族的先锋队；提出共产党员特别是领导干部一定要“讲学习、讲政治、讲正气”，把思想政治建设作为党的自身建设的首要任务；提出在市场经济条件下仍然要坚持民主集中制，建立健全科学的领导体制和工作机制；提出党风建设的核心问题是党群关系问题，必须把党的作风建设放在更加突出的位置，等等。以胡锦涛为总书记的党中央根据新世纪新阶段党面临的新情况，提出了新形势下加强和改进党的建设的一系列新思想。提出以科学发展观为统领，全面提高党的建设科学化水平；强调“权为民所用，情为民所系，利为民所谋”；党的建设的主线是加强党的执政能力建设、先进性建设和纯洁性建设；提出建设学习型、服务型、创新型的马克思主义执政党。面对艰巨繁重的现代化建设任务明确了党的建设的总体布局是全面加强思想建设、组织建设、作风建设、反腐倡廉建设、制度建设，等等。十八大以来，以习近平为核心的党中央依据新时代我们党面临的复杂的执政环境，提出要进一步推进党的建设的伟大工程，并提出了新时代党的建设的总要求，坚持党要管党、全面从严治党，确定了新时代党的建设的目标，这就是“把党建设成为始终走在时代前列，人民衷心拥护、勇于自我革命、经得起各种风浪考验、朝气蓬勃的马克思主义执政党”[①]。

4. 从整体上深化和丰富了对社会主义建设规律和人类社会发展规律的认识

中国特色社会主义理论体系在建设中国特色社会主义的思想路线、发展道路、发展阶段、发展战略、根本任务、发展动力、依靠力量、国际战略、领导力量和根本目的、总体布局等问题上，提出了一系列紧密联系、相互贯通的思想理论观点，构成了一个完整的科学理论体系，从整体上深化和丰富了对社会主义建设规律和人类社会发展规律的认识。

第一，中国特色社会主义理论体系对中国特色社会主义的总体布局进行了谋划，深化和丰富了对社会主义建设规律和人类社会发展规律的认识。党的十八大将中国特色社会主义总体布局发展为五位一体的总体布局，明确提出要“全面落实经济建设、政治建设、文化建设、社会建设、生态文明建设五位一体总体布局，促进现代化建设各方面相协调，促进生产关系与生产力、上层建筑与经济基础相协调，不断开拓生产发展、生活富裕、生态良好的文明发展道路”[②]。改革开放以来，我们对总布局的认识经历了一个逐步发展的过程，从最初的“两手抓”到“三位一体”“四位一体”，再到“五位一体”，这表明中国特色社会主义理论体系对社会主义建设规律和人类社会发展规律的认识进一步深化。

①习近平：《决胜全面建成小康社会　夺取新时代中国特色社会主义伟大胜利——在中国共产党第十九次全国代表大会上的报告》，人民出版社，2017，第62页。

②胡锦涛：《坚定不移沿着中国特色社会主义道路前进　为全面建成小康社会而奋斗——在中国共产党第十八次全国代表大会上的报告》，人民出版社，2012，第9页。

中国特色社会主义事业总体布局是一个有机统一的整体，在这一总布局中，五大建设是总布局的组成部分和构成要素，也是总布局的五个子系统，相互之间互为条件，协调发展，缺一不可，不能偏废。一方面，五大建设构成中国特色社会主义事业建设的一个有机整体，是实现中国梦这个战略棋盘的“五着”，只有“五着”整体推进，协调发展，才能满盘皆活，否则很有可能“一着不慎满盘皆输”；另一方面，五大建设中的任何一个“建设”都是一个整体，如在经济建设中，就包括经济结构的调整、发展方式的转变、分配制度的改革、市场体系的健全、三大产业的全面发展、城乡之间和区域之间的平衡发展、公平与效率的统一，等等，忽视了任何一个方面，都会影响经济整体的发展水平。

第二，中国特色社会主义理论体系从整体上解答当今时代和当代中国复杂性社会问题，也进一步深化了对社会主义建设规律和人类社会发展规律的认识。

当今人类社会，和平与发展依然是时代的主题，和平、发展、合作、共赢成为不可阻挡的时代潮流。世界多极化、经济全球化、文化多样化、社会信息化深入发展，各国相互联系相互依存，但是世界面临的不稳定性、不确定性突出，人类依然面临共同挑战。当今中国社会仍旧处在社会主义初级阶段，发展中不平衡不充分的状况仍然存在，经济、政治、文化、社会、生态文明等方面存在着诸多矛盾和问题。面对这些矛盾和问题，无论是过去解决中国传统农业社会、熟人社会问题的儒家伦理，还是解决西方工业社会、契约社会问题的西方现代化理论和西方民主政治理论，以及提供后现代社会问题解决方案的西方后现代理论，都不能提供良好的解决方案。要解决当今时代和当代中国面临的复杂性矛盾和社会问题，只能是由中国特色社会主义理论体系来作整体性解答。改革开放以来，特别是十八大以来，我们党在经济、政治、文化、社会、生态文明建设方面和外交领域提出了一系列方针政策。经济上，提出建设现代化经济体系，深化供给侧结构型改革，贯彻新发展理念；政治上，提出发展社会主义民主政治，健全人民当家作主的制度体系；文化上，提出推动社会主义文化繁荣兴盛，坚定文化自信，建设社会主义文化强国；社会建设上，提出在发展中保障和改善民生，创新社会治理，坚持总体国家观；在生态文明建设上，提出加快生态文明体制改革，形成人与自然和谐发展的新格局；在外交方面，提出要推动建立新型国际关系，构建人类命运共同体，促进“一带一路”国际合作，等等。这些理论为解决当今时代和当代中国的复杂性问题提供了整体方案。

（三）民族性与时代性的辩证统一

1. 民族性

马克思主义的民族化是马克思主义的题中应有之义，是马克思主义的一个基本原则。马克思主义创始人马克思和恩格斯在创立马克思主义时就提出了这样一个观点：“工人没有祖国”，但是工人“本身还是民族的”。这说明无产阶级的国际性和民族性是辩证统一的，无产阶级的世界性、国际性蕴涵在民族性之中。列宁及其领导的布尔什维克开辟了马克思主义的民族化的道路，十月革命是列宁把马克思主义的普遍真理与俄国的具体实践相结合，实现马克思主义民族化的成功范例。在列宁和十月革命的影响下，中国共产党开始走上中国化的马克思主义之路。经过革命、建设和改革各个阶段的艰辛探索，使原本是一种西方的哲学社会思潮的马克思主义在中国的土壤上生根、开花、结果，形成了具有中国特点、中国风格、中国形式、中国话语和中国气派的完全中国化了的马克思主义。特别是改革开放以来，以邓小平、江泽民、胡锦涛、习近平为主要代表的中国共产党人，始终坚持马克思主义的民族性，坚持把马克思主义的基本原理与中国具体实际相结合，不断推进马克思主义中国化。从党的十二大到党的十九大，中国共产党历届全国代表大会的鲜明主题都是“中国特色社会主义”。

党的十一届三中全会以来，邓小平就一再告诫全党：要根据我国的实际情况，确定实现四个现代化的具体道路、方针、政策和措施。他强调：“过去搞民主革命，要适合中国情况，走毛泽东同志开辟的农村包围城市的道路。现在搞建设，也要适合中国情况，走出一条中国式的现代化道路。”①1982年9月，邓小平在党的十二大开幕词中，首次明确提出“走自己的道路，建设有中国特色的社会主义”的科学命题。他指出：“把马克思主义的普遍真理同我国的具体实际结合起来，走自己的道路，建设有中国特色的社会主义，这就是我们总结长期历史经验得出的基本结论。”②1987年，党的十三大的主题报告就是《沿着有中国特色的社会主义道路前进》，提出了社会主义初级阶段的理论及基本路线，对中国特色社会主义道路的核心内容作了准确的表述。1992年党的十四大召开，会议主题是“加快改革开放和现代化建设步伐，夺取有中国特色社会主义事业的更大胜利”。十四大将邓小平建设有中国特色社会主义的主要内容，概括为九个方面：社会主义的发展道路、社会主义的发展阶段、社会主义的根本任务、社会主义的发展动力、社会主义建设的外部条件、社会主义建设的政治保证、社会主义建设的战略步骤、社会主义的领导力量以及祖国统一。1997年党的十五大会议主题是：高举邓小平理论伟大旗帜，把建设有中国特色社会主义事业全面推向二十一世纪。会议将建设有中国特色的社会主义理论，正式命名为邓小平理论。十五大将邓小平理论写进了新党章，与马克思列宁主义、毛

①《邓小平文选》（第二卷），人民出版社，1994，第163页。
②《邓小平文选》（第三卷），人民出版社，1993，第3页。

泽东思想一起，作为中国共产党的指导思想。2002年党的十六大的主题是：全面建设小康社会，开创中国特色社会主义事业新局面。会议将马克思主义中国化的新的理论成果——“三个代表”重要思想写进了党章，作为党的指导思想。2007年党的十七大的主题是：高举中国特色社会主义伟大旗帜，为全面建设小康社会新胜利而奋斗。大会强调：中国特色社会主义道路之所以完全正确，之所以能够引领中国发展进步，关键在于我们既坚持了科学社会主义的基本原则，又根据我国实际和时代特征赋予其鲜明的中国特色。2012年党的十八大的主题是：坚定不移沿着中国特色社会主义道路前进，为全面建成小康社会而奋斗。十八大强调要不断丰富中国特色社会主义的实践特色、理论特色、民族特色、时代特色，并且将马克思主义中国化的新的理论成果——科学发展观写进了新党章。2017年党的十九大的主题是：不忘初心、牢记使命，高举中国特色社会主义伟大旗帜，决胜全面建成小康社会，夺取新时代中国特色社会主义伟大胜利，为实现中华民族伟大复兴的中国梦不懈奋斗。大会将马克思主义中国化的最新成果——习近平新时代中国特色社会主义思想写入党章，并作为党的指导思想。

概而言之，改革开放40年来，中国共产党人始终把马克思主义基本原理和科学社会主义基本原则的“共性”与中国具体实际的“个性”有机统一起来，提出了一系列有独创性的新观点、新思想、新理论，讲出了中国话语，体现了中国创造，富有中国特色。中国特色社会主义理论体系是用中国话语来解答中国问题，它所具有的提问方式的简洁性、解答问题的针对性、语言表达的平实性、举例说明的生动性，都是我们民族性特点的具体体现。中国特色社会主义理论体系以全新的事业深化了对共产党执政规律、社会主义建设规律、人类社会发展规律的认识，写出了科学社会主义的新版本，具有鲜明的中华民族特色。

2. 时代性

中国特色社会主义理论体系又具有强烈的时代性，集中体现在以下几方面：

首先，中国特色社会主义理论体系的时代性体现在科学把握中国国情，准确判断中国所处的时代主题和历史阶段上。改革开放以来，我们党提出了和平和发展是时代主题的思想，社会主义初级阶段理论，以及中国特色社会主义进入了新时代等新判断。

（1）和平与发展是时代主题的思想

20世纪80年代以来，随着时代的变化，党中央作出了和平与发展是当代世界主题的战略判断。1984年，邓小平指出："国际上有两大问题非常突出，一个是和平问题，一个是南北问题。还有其他许多问题，但都不像这两个问题关系全局，带有全球性、战略性的意义。"①1992年，邓小平在南方谈话中明确指出："世界和平与发展这两大问题，至今一个也没有解决。"②党中央对时代主题的新判断对我们制定改革开放等政策提供了重要依据。近年来，随着中国等新兴国家的不断发展、实力不断增强，美国以及西方国家的实力相对衰落，世界正处于大发展大变革大调整时期。习近平总书记认为，要全面认识时代主题问题，虽然世界面临的不稳定性不确定性突出，我国所处的发展环境日趋复杂严峻，但国际上爱好和平、遏制战争的力量也在不断发展壮大，和平发展是世界大势。同时，习近平总书记在时代主题"和平、发展"后面，加上"合作、共赢"，作出了和平、发展、合作、共赢是时代潮流的新的重大战略判断。他指出："我们所处的是一个风云变幻的时代，面对的是一个日新月异的世界。这个世界，和平、发展、合作、共赢成为时代

①《邓小平文选》（第三卷），人民出版社，1993，第96页。
②《邓小平文选》（第三卷），人民出版社，1993，第383页。

潮流，旧的殖民体系土崩瓦解，冷战时期的集团对抗不复存在，任何国家或国家集团都再也无法单独主宰世界事务。”[①]这对于时代主题的思想作了进一步丰富和发展。

（2）社会主义初级阶段理论

党的十一届三中全会以来，党在总结我国社会主义建设经验的基础上，对我国社会主义所处的历史阶段进行了新的探索，提出了社会主义初级阶段理论。1987年党的十三大召开前夕，邓小平指出：“中国社会主义是处在一个什么阶段，就是处在初级阶段，是初级阶段的社会主义。社会主义本身是共产主义的初级阶段，而我们中国又处在社会主义的初级阶段，就是不发达的阶段。一切都要从这个实际出发，根据这个实际来制订规划。”[②]依据邓小平的思想，党的十三大报告对社会主义初级阶段理论进行了系统阐发，使之初步形成了科学的理论体系。党的十四大将社会主义初级阶段理论作为邓小平建设有中国特色社会主义的主要内容之一，写进了党章的总纲，强调我国正处在社会主义初级阶段。党的十五大全面揭示了社会主义初级阶段的基本特征，指出“社会主义初级阶段，是逐步摆脱不发达状态，基本实现社会主义现代化的历史阶段”，“是逐步缩小同世界先进水平的差距，在社会主义基础上实现中华民族伟大复兴的历史阶段”[③]。党的十六大对社会主义初级阶段的基本国情进行了新的分析，指出社会主义初级阶段需要经历若干具体阶段，“我们要在本世纪头二十年，集中力量，全面建设惠及十几亿人口的更高水平的小康社会”[④]。这就明确指出了社会主义初级阶段发展的阶

①习近平：《习近平谈治国理政》，外文出版社，2014，第272页。

②《邓小平文选》（第三卷），人民出版社，1993，第252页。

③中共中央文献研究室编《十五大以来重要文献选编》（上），人民出版社，2000，第16页。

④《中国共产党第十六次全国代表大会文件汇编》，人民出版社，2002，第18页。

段性，不仅发展了初级阶段理论，也为我们党根据各个具体阶段的实际情况，制定该阶段的规划、战略提供了科学的理论指导。党的十七大、十八大和十九大都进一步强调我国仍处于并将长期处于社会主义初级阶段的基本国情没有变。党的十九大还对我国发展新的历史方位作出了新判断，指出“中国特色社会主义进入了新时代”。这是对我国发展历史方位的新判断，这对于社会主义初级阶段理论作了重要发展，对于我们全面把握我国发展的阶段性特征和实践要求，以及科学制定方针政策，具有重要的指导意义。

其次，中国特色社会主义理论体系的时代特色还突出表现在解答时代提出的问题上。中国特色社会主义理论体系突出问题导向，以解决中国社会主义建设和改革开放实践各个历史发展阶段的实际问题为目标。总体来说，中国特色社会主义理论体系所要解答的重大理论和实际问题是“什么是马克思主义、怎样对待马克思主义”，“什么是社会主义、怎样建设社会主义”，“建设什么样的党、怎样建设党”，“实现什么样的发展、怎样发展”，“坚持和发展什么样的中国特色社会主义、怎样坚持和发展中国特色社会主义”，其核心目标是把中国建设成为富强、民主、文明、和谐、美丽的社会主义现代化国家，实现中华民族伟大复兴。中国特色社会主义理论体系就是在适应时代的要求，解答不同阶段所面临的问题和挑战中形成明显的时代特色的。

（四）科学性和意识形态性的统一

1．科学性

科学性是马克思主义的基本理论特征，也是中国特色社会主义理论体系的基本理论特征。习近平指出：“中国特色社会主义理论体系是我们党继往开来、与时俱进，团结带领全国各族人民沿着中国特色社会主义道路实现中华民族伟大复兴唯一正确的理论。”[①]

中国特色社会主义理论体系是一个科学的理论体系，这是因为，一从理论内容上看，中国特色社会主义理论体系坚持理论与实践相统一，坚持理论来源于实践，实践检验理论，是开放的、与时俱进的思想理论体系，能够始终站在时代的前沿，反映时代和实践的要求和规律。中国特色社会主义理论体系科学揭示了当代人类社会发展规律、社会主义建设规律和共产党执政规律，是被中国社会主义建设和改革开放实践反复证明了的正确理论和科学真理，具有高度的科学性和真理性，并且其科学性和真理性将继续为改革开放和社会主义建设的实践所检验和证明。

二从理论结构上看，中国特色社会主义理论体系的各个组成部分之间具有辩证统一的关系。邓小平理论、“三个代表”重要思想、科学发展观和习近平新时代中国特色社会主义思想都是随着实践的发展而形成和发展起来的，但每一次理论的创新和发展都是在坚持和继承已有理论的基础上实现的，并且都共同遵循着实事求是的思想路线和理论方法。另一方面，由邓小平理论、“三个代表”重要思想、科学发展观和习近平新时代中国特色社会主义思想构成的中国特色社会主义理论体系贯通了哲学、政治经济学和科学社会主义等学科领域，涵盖着社会主义经济建设、政治建设、文化建设、社会建设、生态建设和党的建设的各个领域，涉及改革发展稳定、内政国防外交、治党治国等各个方面，是一个内涵丰富、思想深刻、系统科学的理论体系。

三从理论基础和立场来看，是因为中国特色社会主义理论体系是以科学的世界观和方法论——辩证唯物主义和历史唯物主义为指导，并代表了最广大人民的根本利益，它不是为少数人、少数阶级、少数利益集

①中共中央文献研究室编《十七大以来重要文献选编》（上），中央文献出版社，2009，第245页。

团谋利益和作论证的偏狭理论，而是立足于实现和维护中国最广大人民的根本利益，把“全心全意为人民服务”“立党为公、执政为民”作为自己的理论生命、价值追求和理论导向。

2. 意识形态性

中国特色社会主义理论体系又具有鲜明的无产阶级党性原则和强烈的意识形态性。它代表无产阶级和最广大人民的根本利益，以“全心全意为人民服务”“立党为公、执政为民”“以中国最广大人民的根本利益为本”“实现最广大人民的根本利益”作为自己的理论生命、价值追求和理论导向。社会主义意识形态的实质和核心是“以人为本”，即以工人、农民为主体的最广大人民的根本利益为本。邓小平理论一直强调，要把人民群众拥护不拥护、赞成不赞成、答应不答应、高兴不高兴，作为检验我们党和政府一切工作得失成败的最高标准。“三个代表”重要思想强调中国共产党“要始终代表中国最广大人民的根本利益”，强调全心全意为人民服务、立党为公、执政为民是中国共产党同一切剥削阶级政党的根本区别，要求党的一切工作必须以最广大人民的根本利益作为最高标准，在任何时候、任何情况下，都要想人民所想、急人民所急、谋人民所求、解人民所虑，真正代表人民掌好权、用好权，努力实现好、维护好、发展好最广大人民群众的根本利益。科学发展观的核心是“以人为本”，强调发展为了人民，发展依靠人民，发展的成果由人民共享，强调要切实保障人民群众的政治、经济、文化和社会权益。习近平新时代中国特色社会主义思想强调，要坚持以人民为中心，要永远把人民对美好生活的向往作为奋斗目标。中国特色社会主义理论体系的这些思想，充分体现了马克思主义关于人民群众是历史创造者的思想和实现人的自由全面发展思想，充分体现了强烈的无产阶级党性原则和鲜明的意识形态性。

（五）开放性

与时俱进是马克思主义的理论品质，也是中国特色社会主义理论体系的理论品质。中国特色社会主义理论体系是开放的思想理论体系。

第一，中国特色社会主义理论体系的开放性，首先体现在批判地吸收和借鉴人类社会优秀的文明成果上。中国特色社会主义理论体系汲取了中国优秀传统文化的思想精华，把当代中国的马克思主义理论与中华民族的文化特质、思维模式、价值取向等结合起来，赋予其新的时代内涵。如中国传统文化中“重民”“安民”“富民”的治国智慧，“以和为贵”“协和万邦”的和合理念，“革故鼎新”“因势而变”的创新精神，“天人合一”的生态伦理思想等，经过批判继承，在中国特色社会主义理论体系中都有所体现。中国特色社会主义理论体系还批判地吸收和借鉴了国外优秀文化成果尤其是资本主义文明成果。“社会主义要赢得与资本主义相比较的优势，就必须大胆吸收和借鉴人类社会创造的一切文明成果，吸收和借鉴当今世界各国包括资本主义发达国家的一切反映现代社会化生产规律的先进经营方式、管理方法”①。如科学发展观，既是对马克思主义发展理论的继承和创新，同时也充分借鉴了世界经济发展理论的有益成果；再如社会主义和谐社会论，吸收了现代西方文明中有关社会和谐的有关理论；其他如改革开放理论、社会主义市场经济理论等重大战略思想的提出和贯彻，也一定程度吸收借鉴了世界各国现代化建设的经验。

第二，中国特色社会主义理论体系的开放性，还体现在对马克思列宁主义和毛泽东思想的丰富和发展上。

中国特色社会主义理论体系丰富和发展了马克思列宁主义和毛泽东

---

①《邓小平文选》（第三卷），人民出版社，1993，第373页。

思想在思想路线的理论主张。辩证唯物主义和历史唯物主义是马克思列宁主义的思想路线。在马克思主义中国化的历史进程中，毛泽东总结和概括出马克思主义中国化的核心命题——实事求是，并且把它作为马克思主义与中国实际相结合的基本原则、基本观点和基本方法，作为我们党的思想路线。邓小平把实事求是作为马克思主义的思想基础、根本观点和根本方法，作为毛泽东思想的出发点、根本点、精髓和活的灵魂，并且强调要贯彻实事求是的思想路线，就必须解放思想，从而将解放思想与实事求是有机地统一起来。江泽民强调与时俱进是马克思主义的理论品质，强调保持与时俱进的精神状态对于马克思主义理论发展的极端重要性，要求我们既要坚持马克思主义基本原理，又要谱写马克思主义新的理论篇章，要善于在解放思想中统一思想，用发展着的马克思主义指导新的实践。胡锦涛强调解放思想是发展中国特色社会主义的一大法宝，强调坚持解放思想、实事求是、与时俱进，勇于变更、勇于创新，永不僵化、永不停滞，不为任何风险所惧，不被任何干扰所惑，使中国特色社会主义道路越走越宽广，让当代中国马克思主义放射出更加灿烂的真理光芒。党的十八大以来，习近平继续坚持实事求是的思想路线，强调要坚持解放思想、实事求是，冲破思想观念的障碍，突破利益固化的藩篱，抓住机遇，努力在全面深化改革上取得新突破，为实现中华民族伟大复兴的目标奋勇前进。

中国特色社会主义理论体系丰富和发展了马克思列宁主义和毛泽东思想的有关理论。例如，中国特色社会主义理论体系提出的社会主义市场经济的理论主张，丰富和发展了马克思列宁主义和毛泽东思想。过去由于受到经验局限和思维禁锢，人们长期以来将“计划经济”看作是社会主义的经济模式。邓小平于1986年鲜明地指出，“我们过去一直搞计划经济，但多年的实践证明，在某种意义上说，只搞计划经济会束缚生产力的发展”[①]，并郑重地提出了有关发展社会主义市场经济的奠基性论点，“计划多一点还是市场多一点，不是社会主义与资本主义的本质区别。计划经济不等于社会主义，资本主义也有计划；市场经济不等于资本主义，社会主义也有市场。计划和市场都是经济手段”[②]。社会主义市场经济理论是马克思主义在中国社会主义建设实践中的重大理论创新，丰富和发展了马克思主义政治经济学理论。此外，社会主义初级阶段理论、社会主义改革开放理论、共产党建设理论、社会主义和谐社会理论、科学发展理论、五大发展理念等中国特色社会主义理论体系的基本理论都是对马克思主义的创新和发展，为马克思主义增添了新的理论元素和基本观点。如体系中提出的社会主义初级阶段思想，强调这是我国在现实国情上建设社会主义必经的特定阶段，丰富和发展了马克思主义关于社会主义发展阶段理论；体系中提出的社会主义改革开放思想，指出改革是一场新的革命，是中国现代化的必由之路，丰富和发展了马克思主义关于社会主义改革的思想；体系中提出的马克思主义执政党建设思想，加强党的执政能力建设和先进性建设，增强党的阶级基础，扩大党的群众基础，坚持科学执政、民主执政、依法执政，以改革创新精神全面推进党的建设新的伟大工程，丰富和发展了马克思主义党的建设理论；体系中提出的社会主义科学发展思想，强调发展是我们党执政兴国的第一要务，要实现以人为本、全面协调可持续的发展，五大发展理念丰富和发展了马克思主义关于社会主义发展理论；体系中提出的社会主义和谐社会思想，强调要按照民主法治、公平正义、诚信友爱、充满活力、安定有序、人与自然和谐相处的总要求构建社会主义和谐社会，丰富和发展了马克思主义关于社会主义社会建设理论；等等。中国特色

---

①《邓小平文选》（第三卷），人民出版社，1993，第148页。
②《邓小平文选》（第三卷），人民出版社，1993，第373页。

社会主义理论体系也正是在不断创新中逐步展开中国特色社会主义事业的伟大历史画卷，同时也在理论创新中体现了中国特色社会主义理论体系的开放性。

第三，中国特色社会主义理论体系的开放性，还体现在这一理论体系形成发展的开放环境和未来发展的开放性上。首先是由中国特色社会主义理论体系形成和发展的国际环境的开放性决定的。20世纪70年代后期以来，在世界范围内兴起了以增强综合国力为中心目标的改革浪潮，在这一改革浪潮中，我们党要解决好时代提出的新课题，开创中国特色社会主义事业发展的新局面，就要在思想理论上有新的解放、新的发展。中国特色社会主义理论体系，正是我们党为了解决时代提出的新课题，推进中国改革开放新实践基础上形成的理论创新成果。这一理论创新成果充分体现了我们党以宽广的眼界观察世界，适应时代要求不断开放创新的成果。其次是由中国特色社会主义建设的实践要求决定的。改革开放40年来，尽管我国取得了举世瞩目的成绩，但中国仍是发展中国家。我国人口基数大，发展不平衡，在发展中会遇到很多矛盾和问题。中国要实现更高水平的小康社会，要使全国人民共同富裕，还要走很长的路。建设社会主义是一项长期的艰巨的任务，需要几代人、十几代人，甚至几十代人坚持不懈地努力。中国特色社会主义事业是一个不断发展进步的伟大事业，中国特色社会主义理论体系必将随着中国特色社会主义事业的发展而进一步丰富和发展。再次，开放性还体现在中国特色社会主义理论体系是一个随着实践发展而不断发展的理论体系，还要随着改革开放的实践增添新的内容。中国特色社会主义理论体系不是凝固的和封闭的，它将积极主动地适应时代发展的潮流，在用发展着的马克思主义指导党和人民发展中国特色社会主义新的实践过程中，以及在融会、吸纳中外优秀文明成果进行新的创造的过程当中与时俱进、开拓创新，不断实现理论体系自身的丰富和发展。这一理论体系没有终结，也不会停滞，每一个发展都为后人对其进一步丰富发展创造了广阔的空间。也就是说，中国特色社会主义理论体系必将随着时代的进步和实践的发展而不断开放性地发展。

（六）价值取向的人民性

中国特色社会主义理论体系坚持了马克思主义的群众史观，始终视最广大人民的根本利益为一切工作和理论创造的本质追求，体现了这一理论体系价值取向的人民性特征。这主要体现在价值目标、价值主体和价值判断标准上。

从价值目标上看，中国特色社会主义理论体系坚持了全心全意为人民服务的价值目标。确立全心全意为人民服务的价值目标是毛泽东思想的重大理论贡献。毛泽东思想关于“全心全意为人民服务”的思想，坚持了马克思主义的唯物史观，反映了中国共产党的根本宗旨，奠定了党的人民利益观的思想理论基础。邓小平理论将这一目标加以运用和发展，提出了把人民拥护不拥护、赞成不赞成、高兴不高兴、答应不答应作为制定各项方针政策的出发点和归宿。“三个代表”重要思想进一步提出要始终代表最广大人民的根本利益，强调在任何时候任何情况下与人民群众同呼吸共命运的立场不能变，全心全意为人民服务的宗旨不能忘，坚信群众是真正英雄的历史唯物主义观点不能丢。必须始终把体现人民群众的意志和利益作为我们一切工作的出发点和归宿，始终把依靠人民群众的智慧和力量作为我们推进事业的根本工作路线。科学发展观明确提出“发展为了人民”，提出群众利益无小事等一系列观点。而习近平新时代中国特色社会主义思想进一步坚持党性和人民性的统一，提出“人民群众始终是我们党的坚实执政基础。只要我们永不动摇信仰、永不脱离群众，我们就能无往而不胜”[①]。这些实现了对全心全意为人民服务的价值目标继承性与创新性的统一。

从价值主体上看，中国特色社会主义理论体系坚持了人民的价值主体地位。按照唯物史观，人民群众是历史的创造者，毛泽东思想坚持了这一观点，提出人民是推动历史发展的动力。邓小平继承和发展了毛泽东的人民主体价值论思想，提出了改革开放的方针是广大的人民群众创造出来的，人民是改革开放和社会主义现代化建设的主体等一系列思想。“三个代表”重要思想在全面推进社会主义现代化建设中，坚持和发展人民主体价值论的原则，突出了人民群众在社会主义现代化建设中的主体作用。科学发展观明确提出“发展依靠人民”的思想，提出“要紧紧依靠人民，调动一切积极因素，努力形成社会和谐人人有责、和谐社会人人共享的生动局面”[②]。习近平新时代中国特色社会主义思想，将人民性集中体现在“四个全面”战略布局当中，“使整个战略布局体现出深刻的人民性内涵”[③]。对于全面建成小康社会，现在仅剩两年时间，为如期实现这个战略目标，习近平总书记强调：必须树立起坚定的信心，紧密团结全国各族人民，依靠全体人民共同努力，并号召全党必须紧密联系实际，做到实事求是，深入基层、深入群众，进行深入细致的调研，必须广泛听取群众的意见，准确把握群众的要求，做到科学决策、民主决策，以保证党的各项决策牢固建立在民情民意的基础上，调动起全国各族人民奔小康的热情和干劲。对于全面深化改革，习近平总书记指出，全面深化改革是一项长期、复杂的工程，必须要做到为了群众、相信群众、依

①习近平：《在党的十八届一中全会上的讲话》，《人民日报》2013年12月13日，第1版。

②胡锦涛：《高举中国特色社会主义伟大旗帜　为夺取全面建设小康社会新胜利而奋斗——在中国共产党第十七次全国代表大会上的报告》，人民出版社，2007，第41页。

③麻丽、刘社欣：《人民性：习近平新时代中国特色社会主义思想的核心理念》，《湖南社会科学》2018年第1期。

靠群众，并强调没有人民的支持和参与，改革不可能取得成功。又如在全面依法治国方面，在党的十八届四中全会上，习近平总书记把坚持人民主体地位，列为全面推进依法治国的基本原则，强调必须发挥好人民代表大会制度的重要作用。全面从严治党方面，在以习近平总书记为核心的党中央集体领导下，党的十八大以来多措并举，全面从严治党从没有停歇过,取得了有目共睹的显著成效。而全面从严治党之所以成效显著，就在于管党治党过程，广泛地听取了人民群众的意见，自觉地接受了人民监督，使党处于人民群众全天候的监督之下，这充分体现了人民价值主体论的继承性与创新性的统一。

从价值判断标准上看，中国特色社会主义理论体系坚持了维护人民利益的价值评价标准。中国共产党一贯坚持，能否维护人民利益是衡量一切理论和实践正确与否的价值评价标准。邓小平理论坚持了毛泽东思想关于"共产党人的一切言论行动，必须以合乎最广大人民群众的最大利益，为最广大人民群众所拥护为最高标准"①的论断，把认识标准和价值标准统一起来，提出了"三个有利于"的标准。"三个代表"重要思想则提出了"始终代表最广大人民的根本利益"的论断，不仅为我们提出了评价党的路线、方针、政策正确性的价值尺度，而且为改革开放中的一切理论和实践活动提供了一个价值判断标准。科学发展观明确把"以人为本"作为核心，提出了"发展成果由人民共享"的新论断。习近平新时代中国特色社会主义思想，形成了以人民为中心的发展思想，在党的十九大报告中，以人民为中心的发展思想进一步升华。习近平强调，最广大人民的根本利益是党一切工作必须坚持的最高标准。群众无小事，要把群众的事当成自己的大事，深入群众，关心群众，帮助群众

①《毛泽东选集》（第三卷），人民出版社，1991，第1096页。

解决实际中的困难，带领他们过上美好的生活，这体现了人民利益评价标准的继承性与创新性的统一。

二、中国特色社会主义理论体系的当代价值

（一）实现了马克思主义基本原理与中国实际相结合的第二次历史性飞跃

中国特色社会主义理论体系，坚持运用辩证唯物主义和历史唯物主义的根本方法，创造性地分析当今世界和当代中国的实际，作出了一系列新的理论概括；坚持马克思主义关于无产阶级政党必须植根于人民的政治立场，贯彻马克思主义的群众观点，对人民群众在实践中创造的新鲜经验进行了理论上的总结和升华；坚持马克思主义与时俱进的理论品质，体现了马克思主义理论创新的巨大勇气，既生动而具体地坚持马克思列宁主义、毛泽东思想，又赋予马克思主义新的鲜活力量。

中国特色社会主义理论体系的几个组成部分，邓小平理论、“三个代表”重要思想、科学发展观、习近平新时代中国特色社会主义思想，对马克思主义都有丰富和发展。

1. 邓小平理论对马克思主义的丰富和发展

邓小平理论主要包括解放思想、实事求是的思想路线，社会主义初级阶段理论，社会主义本质理论，社会主义发展动力理论，社会主义市场经济理论，“一国两制”理论等。这些理论都是马克思主义在当代中国的创造性运用和发展，以丰富的实践和新鲜的经验丰富和发展了马克思主义的理论宝库。

2. “三个代表”重要思想对马克思主义的丰富和发展

“三个代表”重要思想主要包括关于建立社会主义市场经济体制的思想，关于公有制为主体、多种所有制经济共同发展是我国社会主义初级阶段基本经济制度的思想，关于发展是党执政兴国第一要务的思想，关于正确处理改革、发展、稳定关系的思想，关于依法治国和以德治国相结合的思想，关于建设社会主义政治文明的思想，关于巩固党的阶级基础和扩大党的群众基础的思想等。这些思想使我们党对共产党的执政规律、社会主义建设规律和人类社会发展规律的认识，达到了新的理论高度，对马克思主义作了重要的丰富和发展。

3. 科学发展观对马克思主义的丰富和发展

科学发展观主要包括加快转变经济发展方式的思想，社会主义民主政治的思想，社会主义核心价值体系，构建社会主义和谐社会的思想，推进生态文明建设的思想，以及加强党的执政能力建设和先进性建设的思想等。这些思想是新时期党的理论创新成果的集中概括，在马克思主义发展史上具有划时代的重要意义。

4. 习近平新时代中国特色社会主义思想对马克思主义的丰富和发展

习近平新时代中国特色社会主义思想深刻回答了新时代坚持和发展中国特色社会主义的总目标、总任务、战略布局和发展方向、发展方式、发展动力、战略步骤、外部条件、政治保证等基本问题。这些思想观点为马克思主义在21世纪的发展作出了重大的原创性贡献。

（二）实现中华民族伟大复兴的根本指针

伟大的实践需要伟大的理论。实现中华民族的伟大复兴是中国共产党和中国人民的夙愿及矢志不渝的追求。在实现中华民族伟大复兴的实践中，中国共产党解放思想、实事求是、与时俱进、开拓创新，创立了包括邓小平理论、“三个代表”重要思想、科学发展观、习近平新时代中国特色社会主义思想等重大战略思想在内的科学理论体系。中国特色社会主义理论体系是马克思主义中国化的最新成果，“是党和人民在实现中华民族伟大复兴新的征途上战胜困难、迎接挑战、开拓前进的根本指针”①。

1. 中国特色社会主义理论体系明确了实现中华民族伟大复兴的具体目标——建成社会主义现代化强国

朝着什么样的发展目标继续前进，是关系到中国崛起和中华民族复兴大业能否实现的根本问题。实现中华民族的伟大复兴，说到底是一个发展问题，涵盖了经济、政治、思想文化、科学技术等诸多方面，是包括物质文明、政治文明、精神文明、社会文明、生态文明在内的全面复兴。在领导改革开放和社会主义现代化的伟大实践中，党不断探索和发展中国特色社会主义，逐渐明确了实现中华民族伟大复兴的具体目标。1987年10月，中共十三大正式阐述了“三步走”基本实现现代化的战略部署：第一步，实现国民生产总值比1980年翻一番，解决人民的温饱问题；第二步，到20世纪末，使国民生产总值再增长一倍，人民生活达到小康水平；第三步，到21世纪中叶，人均国民生产总值达到中等发达国家水平，人民生活比较富裕，基本实现现代化。经过全党全国各族人民的共同努力，我们先后提前实现了第一步、第二步战略目标。2002年党的十六大正式宣布人民生活达到小康水平。在此基础上，党的十六大提出了全民建设小康社会的奋斗目标，党的十七大、十八大对全面建成小康社会提出了新的要求，作出了新的部署，这就是“两个一百年”的奋

①刘焕申：《中国特色社会主义理论体系：中华民族伟大复兴的根本指针——纪念新中国成立60周年》，《聊城大学学报（社会科学版）》2009年第5期。

斗目标，即到建党100年时建成惠及十几亿人口的更高水平的小康社会；到新中国成立100年时基本实现现代化，建成社会主义现代化国家。党的十九大进一步提出了建成社会主义现代化强国的战略安排。我们要在全面建成小康社会、实现第一个百年奋斗目标的基础上，乘势而上开启全面建设社会主义现代化国家的新征程。具体分两个阶段来安排：第一个阶段，从2020年到2035年，在全面建成小康社会的基础上，再奋斗15年，基本实现社会主义现代化。第二个阶段，从2035年到21世纪中叶，在基本实现现代化的基础上，再奋斗15年，把我国建成富强民主文明和谐美丽的社会主义现代化强国。从全面建成小康社会到基本实现现代化、再到全面建成社会主义现代化强国，这是新时代中国特色社会主义发展的战略安排。这一战略安排，是在综合分析国际国内形势和我国发展条件之后作出的重大决策，也是我们党适应我国发展实际作出的必然选择，对动员全党全国各族人民万众一心实现中华民族伟大复兴的中国梦具有重大意义。

2. 中国特色社会主义理论体系厘清了实现中华民族伟大复兴的基本国情——社会主义初级阶段

“正确认识和把握中国基本国情是实现中华民族伟大民族复兴的重要基础。”[①]只有正确分析判断国情，才能制定正确的理论、路线、方针和政策；才能够更好地向广大党员干部群众进行国情教育，使他们能够透彻地了解和把握国情，保持清醒的头脑，为我们实现中华民族复兴做好充分的思想准备。

社会主义初级阶段理论是中国特色社会主义理论体系的理论基石之一。十一届三中全会以来，在总结建党 90 多年尤其是新中国成立近 70

①刘焕申：《中国特色社会主义理论体系：中华民族伟大复兴的根本指针——纪念新中国成立60周年》，《聊城大学学报（社会科学版）》2009年第5期。

年的经验教训的基础上，中国共产党在对国情的判断上进一步走向清醒、成熟。中共十三大提出了我国还处在社会主义初级阶段的科学论断。中共十五大对社会主义初级阶段的特点进行了新的概括，揭示了初级阶段国情的主要内容，制定了党在社会主义初级阶段的基本纲领，精辟地回答了什么是社会主义初级阶段中国特色社会主义经济、政治和文化，以及怎样建设这样的经济、政治和文化，进一步统一了全党全国人民的思想。当我国人民生活总体达到小康水平后，党的十六大指出，我国正处于并将长期处于社会主义初级阶段，现在达到的小康还是低水平、不全面、发展很不平衡的小康，巩固和提高目前达到的小康水平，还需要进行长时期的艰苦奋斗。党的十七大、十八大进一步强调我国仍处于并将长期处于社会主义初级阶段的基本国情没有变。

党的十九大在重申我国仍处于并将长期处于社会主义初级阶段的同时，明确指出："中国特色社会主义进入新时代，我国社会主要矛盾已经转化为人民日益增长的美好生活需要和不平衡不充分的发展之间的矛盾。"①这是一个非常重要的政治判断。中共十九大报告改变过去对中国社会主要矛盾的判断，是基于这样的客观现实：经过改革开放以来的长期奋斗，中国社会生产力有了巨大发展，很多产品的生产能力进入世界前列，国内生产总值居于世界第二位，生活用品短缺状况已根本改变。人民不仅对物质文化生活提出了更高要求，而且在民主、法治、公平、正义、安全、环境等方面的要求日益增长。但是，中国还存在着发展不平衡不充分的问题，难以完全满足人民日益增长的美好生活需要。因此，必须在继续推动发展的基础上，着力解决好发展不平衡不充分的问题，大力提升发展质量和效益，更好地满足人民在经济、政治、文化、

①习近平：《决胜全面建成小康社会　夺取新时代中国特色社会主义伟大胜利——在中国共产党第十九次全国代表大会上的报告》，人民出版社，2017，第11页。

社会、生态等方面日益增长的需要，更好地推动人的全面发展、社会全面进步。

党的十一届三中全会以来，党中央关于我国社会主义初级阶段基本国情的判断，为我们实现中华民族伟大复兴提供了思想准备。我国目前仍处于并将长期处于社会主义初级阶段，我国还是世界最大的发展中国家，根据世界银行数据，2016年中国人均国内生产总值为世界平均水平的80%左右[①]，按国家和独立经济体排位，大体处在世界中列，在创新能力、产业层次、公共服务等方面与发达国家相比，仍有相当大的差距。实现建成富强民主文明和谐美丽的社会主义现代化强国的目标，还有很长的路要走。我们要牢牢把握社会主义初级阶段这个基本国情，牢牢立足社会主义初级阶段这个最大实际，牢牢坚持党在社会主义初级阶段的基本路线，认清实现中华民族伟大复兴的长期性和艰巨性，提高想问题、办事情不脱离实际的自觉性。

3. 中国特色社会主义理论体系揭示了实现中华民族伟大复兴的强大动力——改革开放

改革开放是当代中国的主旋律，也是贯穿中国特色社会主义理论体系各个组成部分的思想主线。中国特色社会主义理论体系不仅揭示了改革开放是实现中华民族伟大复兴的强大动力，而且不断为全面深化改革、扩大对外开放提供理论支撑。改革开放的总设计师邓小平把改革开放称作一次新的伟大革命，指出中国“不坚持社会主义，不改革开放，不发展经济，不改善人民生活，只能是死路一条”[②]。通过探索和改革开放的伟大实践，以邓小平为核心的第二代中央领导集体深刻揭示了社会

①参见《毛泽东思想和中国特色社会主义理论体系概论》，高等教育出版社，2018，第180页。

②《邓小平文选》（第三卷），人民出版社，1993，第370页。

主义本质，并在社会主义发展道路、发展阶段、根本任务、发展动力、外部条件、政治保证、战略步骤等问题上形成了一系列相互联系的基本理论观点，创立了邓小平理论，初步回答了“什么是社会主义、怎样建设社会主义”这个首要的基本理论问题。以邓小平南方谈话和党的十四大为标志，我国改革开放和现代化建设进入了一个新的阶段。国内外形势的变化和改革开放的新形势使“建设一个什么样的党，怎样建设党”的问题凸显出来，迫切要求我们给予科学而明确的解答。以江泽民为核心的第三代中央领导集体坚持发展了邓小平的改革开放思想，明确提出我国经济体制的改革目标是建立和完善社会主义市场经济体制，紧密结合新的实践，把治党和治国、执政和为民结合起来，在改革发展稳定、内政外交国防、治党治国治军几个方面，提出了一系列紧密联系、相互贯通的新思想、新观点、新论断，形成了“三个代表”重要思想，进一步深化了对中国特色社会主义的认识。进入新世纪新阶段，我国发展呈现出一系列新的阶段性特征。时代和实践给中国共产党人提出了“实现什么样的发展、怎样发展”这样一个重大课题。以胡锦涛为总书记的党中央立足社会主义初级阶段的基本国情，总结我国发展实践，借鉴国外发展经验，适应新的发展要求，提出了以人为本、实现全面协调可持续发展的科学发展观。科学发展观在进一步解决“什么是社会主义、怎样建设社会主义”和“建设什么样的党、怎样建设党”的基础上，着力解决了“实现什么样的发展、怎样发展”的问题。党的十八大以来，以习近平为核心的党中央根据我国改革开放和现代化建设实践的新要求，对于新时代坚持和发展什么样的中国特色社会主义和怎样坚持和发展中国特色社会主义作了理论概括，为在新的时代条件下坚持和发展中国特色社会主义提供了科学的理论指引。

事实证明，改革开放是决定当代中国命运的关键抉择，是发展中国特色社会主义、实现中华民族伟大复兴的强大动力。40年来我们依靠坚定地推进改革开放，不断突破各种体制性障碍，建立了社会主义市场经济体制，政治体制和其他体制也取得了长足的进步，从而解决了制约发展的诸多矛盾和问题，释放了各种发展活力，取得了辉煌的发展成就。在新时代我们必须毫不动摇地继续推进改革开放，不断为经济社会发展提供强大的动力，使中国特色社会主义始终充满生机和活力，早日实现中华民族伟大复兴。

4. 中国特色社会主义理论体系武装了实现中华民族伟大复兴的政治保证——中国共产党

坚持中国共产党的领导，是实现中华民族伟大复兴的政治保证。中国共产党是执政党，是中国社会主义事业的领导核心。中国的问题关键在党。实现中华民族伟大复兴的目标，关键也在党。我们在民族复兴道路上所取得的光辉业绩，都是在中国共产党的领导下取得的，中国共产党是领导中华民族复兴大业的核心力量。在我们这样一个十多亿人口的大国，要把全国人民的力量凝聚到改革开放和现代化建设的事业上来，实现中华民族的伟大复兴，必须要有一个坚强有力的领导核心。这是总结近代以来中国历史发展得出的结论。

坚持中国共产党的领导，必须不断加强和改善党的领导。高度重视和不断加强、改善自身建设，是我们党生存、发展、壮大的根本所在。从邓小平理论、“三个代表”重要思想到科学发展观，再到习近平新时代中国特色社会主义思想等重大战略思想，都把党的领导和党的建设摆在十分突出的位置来认识、来谋划。十一届三中全会以后，邓小平从“党的建设要适应新的历史时期的需要”这一指导思想出发，在党的思想建设、政治建设、组织建设、作风建设等方面，根据马克思主义建党学说，并结合新的实际情况，顺应历史发展的趋势，初步和比较系统地回答了执政党应该是一个什么样的党以及如何建设党的问题。十三届四中全会以后，以江泽民为核心的党中央坚持党要管党、从严治党的方针，紧紧围绕提高党的领导水平和执政水平、提高拒腐防变和抵御风险能力这两大历史性课题，全面加强了党的建设，创造性地回答了“建设什么样的党、怎样建设党”的问题。十六大以来，以胡锦涛为总书记的党中央科学判断和全面把握我们党所处的历史方位和肩负的历史使命，以改革的精神加强和改进党的建设，把先进性建设的要求贯穿于党的建设的各个方面，进一步指明了党的建设的前进方向。党的十八大以来，以习近平为核心的党中央更加重视党的建设，提出了全面从严治党的要求。在党的十九大报告中，又提出了新时代党的建设总要求，这就是：“坚持和加强党的全面领导，坚持党要管党、全面从严治党，以加强党的长期执政能力建设、先进性和纯洁性建设为主线，以党的政治建设为统领，以坚定理想信念宗旨为根基，以调动全党积极性、主动性、创造性为着力点，全面推进党的政治建设、思想建设、组织建设、作风建设、纪律建设，把制度建设贯穿其中，深入推进反腐败斗争，不断提高党的建设质量，把党建设成为始终走在时代前列、人民衷心拥护、勇于自我革命、经得起各种风浪考验、朝气蓬勃的马克思主义执政党。”[①]这里提出了党的建设新的总体布局。其中一个重大变化，是把政治建设和纪律建设列入党的建设总体布局，把制度建设贯穿于政治建设、思想建设、组织建设、作风建设、纪律建设之中。新时代党的建设总体布局作这样的重大调整，是深刻总结近年来坚持和加强党的领导、全面从严治党的成功经验。比如，思想建党和制度治党相结合，建立完善以党章为核心的党内法规体系，依规治党，党的建设制度化水平大大提高。可以

①习近平：《决胜全面建成小康社会　夺取新时代中国特色社会主义伟大胜利——在中国共产党第十九次全国代表大会上的报告》，人民出版社，2017，第61—62页。

说，这一新布局反映了中国共产党对自身建设问题认识的最新成果。

由此可见，我们党以马克思主义党建理论为指导，在改革开放条件下加强执政党建设的实践基础上提出一系列新思想、新观点、新概括、新要求，既一脉相承，又与时俱进，是我们不断深化对共产党执政规律认识的强大武器，也是新时代长期执政条件下党的建设必须坚持的指导思想。我们完全有理由相信，永远坚持与时俱进、紧紧把握时代脉搏、始终走在时代前列的中国共产党一定能够得到全国各族人民的衷心拥护，永远立于不败之地，带领人民在建设中国特色社会主义的道路上不断前进，朝着中华民族伟大复兴的宏伟目标奋勇前进。

（三）为发展中国家的现代化建设提供了有益的借鉴

20世纪初，一大批西方国家在资本主义制度下率先完成了初步现代化的任务。从20世纪上半期开始，苏联和东欧社会主义国家及一些发展中国家进行了一系列探索和尝试，并在实践中逐步形成了两种类型的现代化模式。这两种模式对这些国家的现代化发展虽然各自起到了一定的促进作用，但也存在着明显的弊端。在社会主义现代化建设的新时期，在中国特色社会主义理论体系的指导下，中国共产党“通过对国际形势、时代特征和当代中国基本国情的分析和判断，以特有的求实精神和宽阔的理论视野，在深刻理解现代化内涵的基础上，准确地把握了现代化的一般规律，并将其与中国现代化建设的具体实际有机结合起来，开创了一条中国特色的社会主义现代化之路”①，对于世界各国尤其是发展中国家的现代化建设具有重要的示范和借鉴意义。

①刘越：《论中国特色社会主义理论体系建立的世界意义——纪念中国共产党成立90周年》，《中国青年政治学院学报》2011年第3期，第11页。

1. 强调中国的现代化要遵循现代化发展的一般规律

现代化作为一种历史发展潮流，属于“世界历史”的范畴，具有明显的世界性特征。在现代化进程中，科技进步、经济增长以及工业化、市场化等一些现代化的表征成为各国所共同追求的目标。“当代中国的前途命运已日益紧密地同世界的前途命运联系在一起。中国的发展离不开世界，世界的发展也需要中国。在当今世界，任何国家关起门来搞建设都是不能成功的。我们全面分析判断世界多极化趋势增强、经济全球化深入发展的外部环境，全面把握当今世界发展变化带来的机遇和挑战，既坚持独立自主，又勇敢参与经济全球化。”[①]尤其是在中国这样一个后发展实现现代化的国家，现代化的前提条件十分欠缺，必须充分吸收世界各国现代化的一切积极成果，才能创造出更高水平的物质文明和精神文明。邓小平指出：“社会主义要赢得与资本主义相比较的优势，就必须大胆吸收和借鉴人类社会创造的一切文明成果，吸收和借鉴当今世界各国包括资本主义发达国家的一切反映现代社会化生产规律的先进经营方式、管理方法。”[②]从现代化的一般规律出发，党中央在新时期一贯强调中国现代化建设必须主动参与国际经济技术的合作和竞争，通过对外开放，利用外部资金、资源、技术、市场，加速我国的现代化建设。

2. 揭示了社会主义与现代化的内在统一性

任何国家的现代化都是在一定的社会制度条件下进行的，近代半殖民地半封建社会的历史，决定了中国不可能通过资本主义道路实现现代化，只能选择社会主义道路。社会主义为中国式的现代化提供了先进的

①胡锦涛：《在纪念党的十一届三中全会召开30周年大会上的讲话》，人民出版社，2008，第27—28页。

②《邓小平文选》（第三卷），人民出版社，1993，第373页。

制度支撑，决定着中国现代化的发展方向。同时，也只有实现现代化，才能更好地发挥社会主义的优越性。党中央反复强调，中国搞现代化，只能靠社会主义，不能靠资本主义。只有社会主义制度才能从根本上解决摆脱贫穷的问题，只有社会主义才能发展中国。在中国，社会主义与现代化是紧密联系在一起的，二者统一于中国社会发展的同一历史进程中。只有实现了社会主义现代化，才能最大限度地满足人民日益增长的美好生活的需要，才能使人民群众真正感受到社会主义优于资本主义。

3. 精辟地阐述了中国式现代化的具体内涵和基本特征

其一，中国式的现代化是以经济建设为中心的现代化。根据我国生产力水平落后、现代化所需的物质基础十分匮乏的实际，党中央在新时期提出了以发展经济、发展生产力为主线的现代化建设思想，强调社会主义的根本任务是发展生产力，并制定了社会主义初级阶段“一个中心、两个基本点”的基本路线和一系列重大方针政策。其二，中国式的现代化是以人为本的现代化。以人为本，促进人的自由全面发展，是科学社会主义的出发点和落脚点，也是中国特色社会主义理论体系的核心。邓小平理论中关于社会主义本质的论述，实际上已从价值目标上把人的全面发展问题放在了重要位置。江泽民更明确地提出，促进人的全面发展是“马克思主义关于建设社会主义新社会的本质要求”[①]。在新世纪，胡锦涛更加直接、鲜明地提出了“以人为本”的科学发展观，要求以实现人的全面发展为目标，从人民群众的根本利益出发去谋发展、促发展，切实保障人民群众的政治、经济、文化权益，让发展的成果惠及全体人民。习近平进一步提出以人民为中心的发展。其三，中国式的现代化是以政治、经济、文化、社会、生态文明全面协调发展为价值

①《江泽民文选》（第三卷），人民出版社，2006，第294页。

目标和要求的现代化。江泽民指出："社会主义社会作为人类历史上崭新的社会形态，是以经济建设为重点的全面发展、全面进步的社会。经济、政治、文化协调发展，两个文明都搞好，才是有中国特色社会主义。"[①]胡锦涛在党的十八大报告中进一步强调："全面落实经济建设、政治建设、文化建设、社会建设、生态文明建设五位一体总体布局，促进现代化建设各方面相协调"[②]，突出发展的全面性，把现代化看成是一个经济、政治、文化、社会、生态文明全面协调发展的过程，从而超越了过去那种只注重经济发展的传统现代化模式。

总的来看，中国特色社会主义理论体系作为我国现代化建设的指导思想，是立足于中国国情，又放眼世界的现代化历史活动的产物，是解放思想、实事求是的成果。正是在这一理论指导下，中国形成的现代化发展模式既不同于西方资本主义国家的现代化模式，又不同于发展中国家的现代化模式，也有别于苏联僵化体制下的工业化模式，走出了一条具有中国特色的独特的现代化道路，取得的发展成就令世界瞩目，对世界各国尤其是发展中国家的现代化建设提供了重要借鉴。有些国家的社会制度尽管与中国不同，但也在不同程度上吸取和采纳了中国现代化建设的一些成功做法和经验。中国特色社会主义理论体系不仅属于中国，也属于世界，是世界文明宝库中一笔宝贵的精神财富。

①《江泽民文选》（第二卷），人民出版社，2006，第258页。

②胡锦涛：《坚定不移沿着中国特色社会主义道路前进　为全面建成小康社会而奋斗——在中国共产党第十八次全国代表大会上的报告》，人民出版社，2012，第9页。

结　论

中国特色社会主义，是一个包括道路、理论、制度、文化在内的有机统一的整体，是当代中国发展进步的伟大旗帜和事业，其目标是建设富强民主文明和谐美丽的社会主义现代化强国。

一、中国特色社会主义是道路、理论、制度、文化的有机统一

中国特色社会主义是道路、理论、制度、文化的辩证统一。其中，中国特色社会主义道路是实现社会主义现代化的必由之路，是指引中国人民创造美好生活的必由之路；中国特色社会主义理论是指导党和人民沿着中国特色社会主义道路实现中华民族伟大复兴的正确理论，是立于时代前沿、与时俱进的科学理论；中国特色社会主义制度是当代中国发展进步的根本制度保障，是具有鲜明中国特色、明显制度优势、强大自我完善能力的先进制度；中国特色社会主义文化积淀着中华民族最深层的精神追求，代表着中华民族独特的精神标识，是中国人民胜利前行的强大精神力量。

中国特色社会主义道路、理论、制度、文化相互联系、相互制约，

相互依存、相互促进，相互印证、相得益彰，共同体现中国社会形态的性质，统一于中国特色社会主义建设的伟大实践。四者之间是实现途径、行动指南、根本保障、价值理念上的内在关系。中国特色社会主义道路是实践载体和社会形态，中国特色社会主义理论是核心要义和行动指南，中国特色社会主义制度是政治保障和建筑框架，中国特色社会主义文化是思想基础和精神支柱。

二、中国特色社会主义理论的核心地位

在中国特色社会主义的四大内核，道路、理论、制度、文化中，中国特色社会主义理论发挥了理论支撑和行动指南的作用，居于核心地位。中国特色社会主义理论为中国特色社会主义道路的开辟、中国特色社会主义制度和文化的完善提供了必要的理论支撑。江泽民曾经一再强调中国特色社会主义理论的重要意义："要使党和国家的发展不停顿，首先理论上不能停顿，否则一切新的发展都谈不上。"[1]

首先，中国特色社会主义理论的创立，为中国特色社会主义道路的探索和坚持指明了方向，提供了行动指南。理论源于实践，实践也需要理论的指导。没有理论指导的实践，是盲目的实践。改革开放40年来，在坚持走中国特色社会主义道路过程中，我们遇到了许多的困难和需要解决的问题，中国特色社会主义理论都对之作出了科学的解答。例如，在人们对社会主义产生困惑和疑问，迫切需要了解什么是社会主义、怎样建设社会主义时，中国特色社会主义理论关于社会主义本质论、社

①《江泽民文选》（第三卷），人民出版社，2006，第336页。

会主义初级阶段论、社会主义改革开放论和社会主义市场经济论等重大理论，使人们在如何建设和发展社会主义问题上有了明确的、系统的认识，为坚持中国特色社会主义道路奠定了理论基础。正是理论上的不断创新，才推动了中国特色社会主义道路的探索不断前进。也正是在中国特色社会主义理论的指引下，我们才成功开辟了中国特色社会主义道路。

其次，中国特色社会主义理论为中国特色社会主义制度创新提供了理论先导和规范。“从某种意义上来讲，制度是为理论指导实践提供保障，但没有理论创新就不会有制度创新，中国特色社会主义理论创新是中国特色社会主义制度创新的一个重要前提。”①回顾中国特色社会主义制度创新的过程，正是先有了社会主义初级阶段理论，才确立了以公有制为主体、多种所有制经济共同发展的基本经济制度；正是先有了社会主义市场经济理论，才确立了与发展社会主义市场经济相适应的体制、制度和法律体系，并且随着社会主义市场经济理论的发展，与社会主义市场经济相关的制度体制建设也日趋完善。我们在经济、政治、文化、社会等各个领域形成的一整套相互衔接、相互联系的制度体系，都是在中国特色社会主义理论指导下确立和不断完善的。正因为如此，我们在强调创新时才特别强调理论创新的重要性。提出要“党的理论创新引领各方面创新”②，强调“实践基础上的理论创新是社会发展和变革的先导”，要“通过理论创新推动制度创新、科技创新、文化创新以及其他各方面的创新”。③

---

①肖贵清：《试论中国特色社会主义道路、理论、制度的有机统一》，《教学与研究》2013年第3期，第19页。

②中共中央文献研究室编《十七大以来重要文献选编》（上），中央文献出版社，2009，第38页。

③《江泽民文选》（第三卷），人民出版社，2006，第537页。

再次，中国特色社会主义理论决定着中国特色社会主义文化的性质和发展方向。近代以来，哪种思想、主义能够解决两大历史主题，这种思想、主义就可能上升为国家的指导思想；奉行这种思想、主义的阶级及其政党，就可能居于国家的领导地位。马克思主义之所以在中国开花结果，根本原因在于它能够解决中国社会问题。而解决中国问题，需要把马克思主义同中国历史、中国文化、中国实践相结合，创造适合中国国情的新方案、新理论、新文化。中国特色社会主义理论就是马克思主义同中国历史、中国文化、中国实践相结合而形成的新理论。中国特色社会主义文化是中国特色社会主义理论的思想土壤，而中国特色社会主义理论则是中国特色社会主义文化的核心和灵魂，是中国特色社会主义文化的理论武器。

总之，我们要始终高举中国特色社会主义的伟大旗帜，坚持以中国特色社会主义理论为指导，锐意进取，攻坚克难，谱写改革开放伟大事业的新篇章，为实现“两个一百年”奋斗目标、实现中华民族伟大复兴的中国梦而努力奋斗！

参考文献

一、图书

[1] 马克思恩格斯文集：1—10卷 [M]. 北京：人民出版社，2009.

[2] 马克思恩格斯选集：1—4卷 [M]. 北京：人民出版社，1995.

[3] 马克思恩格斯全集：第19卷 [M]. 北京：人民出版社，1963.

[4] 马克思恩格斯全集：第23卷 [M]. 北京：人民出版社，1972.

[5] 马克思恩格斯全集：第37卷 [M]. 北京：人民出版社，1971.

[6] 列宁专题文集：1—5卷 [M]. 北京：人民出版社，2009.

[7] 列宁全集：第34卷 [M]. 北京：人民出版社，1985.

[8] 列宁全集：第38，40，41卷 [M]. 北京：人民出版社，1986.

[9] 列宁全集：第42，43卷 [M]. 北京：人民出版社，1987.

[10] 列宁选集：1—4卷 [M]. 北京：人民出版社，1995.

[11] 斯大林选集：上，下 [M]. 北京：人民出版社，1979.

[12] 毛泽东选集：1—4卷 [M]. 北京：人民出版社，1991.

[13] 中共中央文献研究室. 毛泽东文集：第1卷 [M]. 北京：人民出版社，1993.

[14] 中共中央文献研究室. 毛泽东文集：6—8卷 [M]. 北京：人民出版社，1999.

[15] 邓小平文选：1—2卷 [M]. 北京：人民出版社，1994.

[16] 邓小平文选：第3卷［M］. 北京：人民出版社，1993.

[17] 中共中央文献研究室. 邓小平年谱：上，下［M］. 北京：中央文献出版社，2004.

[18] 江泽民文选：1—3卷［M］. 北京：人民出版社，2006.

[19] 中共中央文献研究室. 江泽民论有中国特色社会主义（专题摘编）［M］. 北京：中央文献出版社，2002.

[20] 江泽民. 全面建设小康社会 开创中国特色社会主义事业新局面——在中国共产党第十六次全国代表大会上的报告［M］. 北京：人民出版社，2002.

[21] 江泽民. 在庆祝中国共产党成立八十周年大会上的讲话[M]. 北京：人民出版社，2001.

[22] 江泽民. 论社会主义市场经济［M］. 北京：中央文献出版社，2006.

[23] 胡锦涛文选：1—3卷［M］. 北京：人民出版社，2016.

[24] 胡锦涛. 高举中国特色社会主义伟大旗帜 为夺取全面建设小康社会新胜利而奋斗——在中国共产党第十七次全国代表大会上的报告［M］. 北京：人民出版社，2007.

[25] 胡锦涛. 坚定不移沿着中国特色社会主义道路前进 为全面建成小康社会而奋斗——在中国共产党第十八次全国代表大会上的报告[M]. 北京：人民出版社，2012.

[26] 胡锦涛. 在全党深入学习实践科学发展观活动动员大会暨省部级主要领导干部专题研讨班上的讲话［M］. 北京：人民出版社，2009.

[27] 习近平. 习近平谈治国理政[M]. 北京：外文出版社，2014.

[28] 习近平. 习近平谈治国理政：第二卷［M］. 北京：外文出

版社，2017.

［29］习近平. 关于协调推进“四个全面”战略布局论述摘编［M］. 北京：中央文献出版社，2015.

［30］习近平．关于社会主义经济建设论述摘编［M］．北京：中央文献出版社，2017.

［31］习近平. 紧紧围绕坚持和发展中国特色社会主义学习宣传贯彻党的十八大精神——在十八届中共中央政治局第一次集体学习时的讲话［M］. 北京：人民出版社，2012.

［32］习近平．在哲学社会科学工作座谈会上的讲话［M］．北京：人民出版社，2016.

［33］中央文献研究室．习近平总书记重要讲话文章选编［M］．北京：中央文献出版社，2016.

［34］习近平．在中央党校建校80周年庆祝大会暨2013年春季学期开学典礼上的讲话［M］．北京：人民出版社，2013.

［35］习近平．在纪念孔子诞辰2565周年国际学术研讨会暨国际儒学联合会第五届会员大会开幕会上的讲话［M］. 北京：人民出版社，2014.

［36］习近平．在庆祝中国共产党成立95周年大会上的讲话［M］．北京：人民出版社，2016.

［37］中共中央文献研究室．论群众路线重要论述摘编［M］．北京：中央文献出版社，2013.

［38］中国共产党第八届中央委员会第六次全体会议文件［M］．北京：人民出版社，1958.

［39］中共中央文献研究室．十一届三中全会以来重要文献选读：上［M］．北京：人民出版社，1987.

［40］中共中央文献编辑委员会．十三大以来重要文献选编：中

[M]. 北京：人民出版社，1991.

[41] 中共中央文献编辑委员会. 十四大以来重要文献选编：上[M]. 北京：人民出版社，1996.

[42] 中共中央文献编辑委员会. 十五大以来重要文献选编：上[M]. 北京：人民出版社，2000.

[43] 中国共产党第十六次全国代表大会文件汇编[M]. 北京：人民出版社，2002.

[44] 中共中央文献编辑委员会. 改革开放三十年重要文献选编：上[M]. 北京：中央文献出版社，2008.

[45] 中共中央文献研究室. 科学发展观重要论述摘编[M]. 北京：中央文献出版社、党建读物出版社，2008.

[46] 中共中央文献研究室. 十六大以来重要文献选编：上[M]. 北京：中央文献出版社，2005.

[47] 中共中央文献研究室. 十六大以来重要文献选编：中[M]. 北京：中央文献出版社，2006.

[48] 中共中央文献研究室. 十六大以来重要文献选编：下[M]. 北京：中央文献出版社，2008.

[49] 中共中央文献研究室. 十七大以来重要文献选编：上[M]. 北京：中央文献出版社，2009.

[50] 中共中央文献研究室. 十七大以来重要文献选编：中[M]. 北京：中央文献出版社，2011.

[51] 中共中央文献研究室. 十八大以来重要文献选编：上[M]. 北京：中央文献出版社，2014.

[52] 中共中央文献研究室. 习近平关于全面从严治党论述摘编[M]. 北京：中央文献出版社，2016.

［53］张岱年，程宜山．中国文化论争［M］．北京：中国人民大学出版社，2006.

［54］薄一波．若干重大决策与事件的回顾［M］．北京：中共党史出版社，2008.

［55］秦刚．中国特色社会主义理论体系［M］．北京：中共中央党校出版社，2008.

［56］罗文东．中国特色社会主义理论体系新论［M］．北京：人民出版社，2008.

［57］刘先春，李俊彦，杨志超．中国特色社会主义理论体系通俗读本［M］．兰州：兰州大学出版社，2009.

［58］史家亮．中国特色社会主义理论体系专论［M］．兰州：甘肃人民出版社，2010.

［59］袁玲儿．十三届四中全会以来马克思主义中国化的新发展及经验研究1989—2002［M］．杭州：浙江大学出版社，2011.

［60］顾海良，王越．道路制度理论体系中国特色社会主义基本理论［M］．武汉：武汉大学出版社，2014.

［61］袁银传．中国特色社会主义理论体系的基本特征研究［M］．武汉：武汉大学出版社，2014.

［62］郑继江．马克思主义中国化科学体系［M］．北京：科学出版社，2016.

［63］中共中央宣传部．习近平新时代中国特色社会主义思想三十讲［M］．北京：学习出版社，2018.

［64］亨廷顿，等．现代化理论与历史经验的再探讨［M］．上海：上海译文出版社，1993.

［65］马尔库塞．单向度的人［M］．上海：上海译文出版社，1989.

[66] 胡塞尔. 欧洲科学危机和超验现象学 [M]. 上海：上海译文出版社，1988.

[67] 佩鲁. 新发展观 [M]. 北京：华夏出版社，1987.

[68] 托达罗. 经济发展与第三世界 [M]. 北京：中国经济出版社，1992.

[69] 阿马蒂亚·森. 以自由看待发展 [M]. 北京：中国人民大学出版社，2002.

[70] W.博特金，等. 回答未来的挑战 [M]. 上海：上海人民出版社，1984.

二、期刊

[1] 习近平. 中共中央总书记习近平在十八届中央政治局常委与中外记者见面时讲话 [J]. 人民论坛，2012（33）.

[2] 习近平. 全面贯彻落实党的十八大精神要突出抓好六个方面工作 [J]. 求是，2013（1）.

[3] 曾林. 邓小平社会主义本质论的政治意义、理论意义及实践意义 [J]. 渝州大学学报（哲学社会科学版），1996（2）.

[4] 王世谊. 论“三个代表”重要思想的形成与发展 [J]. 江汉论坛，2002（11）.

[5] 张爱芹. 从“发展是硬道理”到“发展是党执政兴国的第一要务”——兼论党的第三代领导集体对邓小平发展理论的坚持、发展与创新 [J]. 中共山西省委党校学报，2004（2）.

[6] 王勇桂. 科学发展观理论体系研究 [J]. 马克思主义研究，2006（12）.

[7] 余源培. 论科学发展观的形成和指导意义 [J]. 上海行政学

院学报，2007（2）.

［8］牛先锋. 中国特色社会主义理论体系的理论依据［J］. 科学社会主义，2008（2）.

［9］肖贵清. 邓小平理论与中国特色社会主义理论体系的关系［J］. 社会主义研究，2008（2）.

［10］吴波，张晓敏. 中国特色社会主义理论体系的实践意义［J］. 理论视野，2008（6）.

［11］孙成武. 中国特色社会主义理论体系形成的条件和背景探析［J］. 东北师大学报（哲学社会科学版），2008（6）.

［12］孔祥云，冯务中. 论“三个代表”重要思想对中国特色社会主义理论体系主题的深化［J］. 思想理论教育导刊，2009（1）.

［13］刘毅强. 邓小平理论是中国特色社会主义理论体系的奠基之作［J］. 桂海论丛，2009（2）.

［14］曾德盛. 论中国特色社会主义理论体系的实践特色［J］. 学术论坛，2009（2）.

［15］袁银传. 论中国特色社会主义理论体系的基本特征、逻辑结构和世界意义［J］. 思想政治教育研究，2009（4）.

［16］刘焕申. 中国特色社会主义理论体系：中华民族伟大复兴的根本指针——纪念新中国成立60周年［J］. 聊城大学学报（社会科学版），2009（5）.

［17］阮晓莺. 论邓小平理论与中国特色社会主义理论体系的关系［J］. 马克思主义与现实，2009（6）.

［18］徐剑雄. 论传统文化在中国特色社会主义理论体系发展中的作用［J］. 当代世界与社会主义，2011（1）.

［19］袁恩祯. 江泽民和社会主义市场经济理论［J］. 毛泽东邓小

平理论研究，2011（3）.

［20］刘越. 论中国特色社会主义理论体系建立的世界意义——纪念中国共产党成立90周年［J］. 中国青年政治学院学报，2011（3）.

［21］于丹. 论中国特色社会主义理论体系的开放性［J］. 中共云南省委党校学报. 2011（4）.

［22］黄宇. 论中国特色社会主义理论体系的开放性［J］. 浙江社会科学，2011（11）.

［23］张宁. 十六大以来科学发展观形成和发展的历史进程［J］. 党的文献，2012（2）.

［24］张宁. 科学发展观形成发展的过程及特点［J］. 马克思主义与现实，2012（3）.

［25］王玉华. 论中国特色社会主义理论体系的开放性［J］. 中共中央党校学报，2012（3）.

［26］徐永军. 江泽民与党的建设新的伟大工程［J］. 党的文献，2012（5）.

［27］刘勇. 关于中国特色社会主义理论体系基本特征的理论思考［J］. 扬州大学学报（人文社会科学版），2012（6）.

［28］李金芝，李宝江. 浅论马克思主义中国化理论成果的整体性［J］. 前沿，2012（7）.

［29］郑文堂，华玉武，高建伟. 论中国特色社会主义理论与中华优秀传统文化的内在联系［J］. 思想教育研究，2012（9）.

［30］高继文，周莹. 深刻理解科学发展观的理论地位［J］. 中共中央党校学报，2013（1）.

［31］肖贵清. 试论中国特色社会主义道路、理论、制度的有机统一［J］. 教学与研究，2013（3）.

[32] 王友平，赵明. 新形势下党的建设的科学指南——学习习近平总书记关于党的建设系列重要讲话精神[J]. 毛泽东思想研究，2014(1).

[33] 田克勤. 中国特色社会主义与中国传统文化[J]. 湖北社会科学，2014(1).

[34] 靳辉明. 关于毛泽东思想和中国特色社会主义理论体系的思考[J]. 党的文献，2014(1).

[35] 林玲，郭芹，陈晓莉. 邓小平改革开放理论的历史回顾及其重要意义[J]. 党史文苑，2014(24).

[36] 韩振峰. 五大发展理念是中国共产党发展理论的重大升华[J]. 思想理论教育导刊，2016(1).

[37] 谢迪斌. 习近平治国理政新思想在社会主义发展史上的意义[J]. 社会主义研究，2016(3).

[38] 陈锡喜. 邓小平理论形成的过程、基本特点及其对研究和阐释党的创新理论的启示[J]. 马克思主义理论学科研究（季刊），2016(3).

[39] 刘志昌. 习近平国家治理现代化思想研究[J]. 社会主义研究，2016(5).

[40] 袁婷婷，李国泉. 论习近平的马克思主义观[J]. 社会主义研究，2016(6).

[41] 李国泉. 论马克思主义的理论自信、理论自觉、理论自强——学习习近平总书记关于坚持和发展马克思主义的重要论述[J]. 湖北社会科学，2016(8).

[42] 赵国营，张荣华. 系统思维视阈下的中国特色社会主义总布局：概念、内涵及特征[J]. 社会主义研究，2017(3).

[43] 秦刚. 对中国特色社会主义理论体系的整体性认识[J]. 中

国特色社会主义研究，2017（4）.

［44］辛向阳. 深刻把握习近平新时代中国特色社会主义思想的精髓要义与鲜明特征［J］. 中共杭州市委党校学报，2017（6）.

［45］肖贵清. 习近平新时代中国特色社会主义思想的重大意义［J］. 中共中央党校学报，2017（6）.

［46］袁银传，彭晓妍. 中国特色社会主义理论体系的整体性［J］. 理论视野，2017（7）.

［47］胡承槐，王侃. 科学理解习近平新时代中国特色社会主义思想的重大意义［J］. 浙江社会科学，2017（11）.

［48］龚少情，齐卫平. 使命自觉：习近平新时代中国特色社会主义思想的鲜明特征［J］. 学术探索，2017（11）.

［49］陈金龙. 关于习近平新时代中国特色社会主义思想的若干思考［J］. 思想理论教育，2017（12）.

［50］麻丽，刘社欣. 人民性：习近平新时代中国特色社会主义思想的核心理念［J］. 湖南社会科学，2018（1）.

［51］奚广庆. 科学社会主义在21世纪中国焕发出强大生机活力——习近平新时代中国特色社会主义思想世界历史意义［J］. 党政研究，2018（2）.

［52］邸乘光. 论习近平新时代中国特色社会主义思想［J］. 新疆师范大学学报（哲学社会科学版），2018（2）.

［53］李新市. 论新时代继续坚持党的实事求是思想路线［J］. 中共成都市委党校学报，2018（2）.

［54］毛文璐. 毛泽东实事求是思想与中国共产党的理论创新［J］. 中共云南省委党校学报，2018（2）.

［55］鞠俊俊. 习近平新时代中国特色社会主义思想对世界社会主

义的贡献［J］. 湖南行政学院学报，2018（4）.

［56］欧晓彦. 道路·理论·精神——三维视角理解习近平新时代中国特色社会主义思想的贡献［J］. 南昌教育学院学报，2018（4）.

［57］吴倩. 论习近平新时代中国特色社会主义思想的三维向度［J］. 常州工学院学报（社科版），2018（4）.

［58］刘仓. 论“四个自信”的内在逻辑［J］. 兰州学刊，2018（5）.

［59］王炳林，马宁. 习近平新时代中国特色社会主义思想的形成依据［J］. 思想理论教育导刊，2018（6）.

［60］王海军，王栋. 习近平新时代中国特色社会主义思想对传统文化的传承创新探析［J］. 思想教育研究，2018（6）.

三、报纸

［1］领导和团结全国各族人民进一步加快和深化改革中国共产党第十三次全国代表大会开幕［N］. 人民日报，1987-10-26（1）.

［2］中共中央关于加强党的建设几个重大问题的决定［N］. 人民日报，1994-10-7（1）.

［3］胡锦涛. 努力建设持久和平、共同繁荣的和谐世界——在联合国成立60周年首脑会议上的讲话［N］. 人民日报，2005-9-16（1）.

［4］习近平. 认真学习党章严格遵守党章［N］. 人民日报，2012-11-20（1）.

［5］习近平春节前夕赴甘肃看望各族干部群众［N］. 人民日报，2013-2-6（1）.

［6］习近平. 在党的十八届一中全会上的讲话［N］. 人民日报，2013-2-13（1）.

［7］推动全党学习和掌握历史唯物主义更好认识规律更加能动地推

进工作［N］．人民日报，2013-12-5（1）．

［8］习近平．把培育和弘扬社会主义核心价值观作为凝魂聚气强基固本的基础工程［N］．人民日报，2014-2-26（1）．

［9］习近平．习近平在联合国教科文组织总部发表演讲［N］．人民日报，2014-3-8．

［10］习近平在中共中央政治局第十八次集体学习时强调牢记历史经验历史教训历史警示为国家治理能力现代化提供有益借鉴［N］．人民日报，2014-10-14．

［11］习近平．关于《中共中央关于制定国民经济和社会发展第十三个五年规划的建议》的说明［N］．人民日报，2015-11-4（2）．

［12］中共中央关于制定国民经济和社会发展第十三个五年规划的建议［N］．人民日报，2015-11-4（1）．

［13］习近平在中共中央政治局第二十八次集体学习时强调立足我国国情和我国发展实践发展当代中国马克思主义政治经济学［N］．人民日报，2015-11-25．

［14］习近平．共同构建人类命运共同体——在联合国日内瓦总部的演讲［N］．人民日报，2017-1-20．

［15］习近平．决胜全面建成小康社会　夺取新时代中国特色社会主义伟大胜利——在中国共产党第十九次全国代表大会上的报告［N］．人民日报，2017-10-28．

［16］《中国共产党章程》（中国共产党第十九次全国代表大会部分修改，2017年10月24日通过）［N］．人民日报，2017-10-29（1—4）．

［17］习近平．切实学懂弄通做实党的十九大精神努力在新时代开启新征程续写新篇章［N］．人民日报，2017-10-29．

［18］刘云山．深入学习贯彻习近平新时代中国特色社会主义思想［N］．人民日报，2017-11-6（2）．

［19］秦刚．坚持把科学社会主义基本原则同中国实际和时代要求相结合［N］．学习时报，2018-5-11（4）．

［20］杨春长，张明仓．指导发展的世界观和方法论的集中体现——科学发展观的重大理论与实践意义［N］．人民日报，2006-7-19（9）．